DIE WIRKLICHKEIT DES UNMÖGLICHEN

– Meine Nahtoderfahrung im Irak

NATALIE SUDMAN

- arbeitete sechzehn Jahre lang als Archäologin in den USA bevor sie eine Stelle als Zivilangestellte der amerikanischen Armee annahm, bei der sie Baumaßnahmen im Irak managte.

Ihre schweren Verletzungen durch einen Sprengsatz am 24. November 2007 als sie im Bereich Tallil Wasseraufbereitungsanlagen inspizierte, machten ein weiteres Arbeiten auf diesem Gebiet unmöglich. Heute beschäftigt sie sich künstlerisch, schreibt und widmet sich der weiteren Erforschung der Nahtstellen zwischen Wissenschaft und nicht-physischer Welt. Ihre durch die NTE dazugewonnenen Gaben ermöglichen ihr geistiges Heilen und die Begegnung mit Verstorbenen.
Ihre Webseite ist: http://www.nataliesudman.com

Natalie Sudman

DIE WIRKLICHKEIT DES UNMÖGLICHEN

Meine Nahtoderfahrung im Irak

2021 Deutsche Erstveröffentlichung/Ozark Mountain Publishing, Inc.

Bibliothek des Kongresses, Katalogisierung von Publikationsmedien

Sudman, Natalie, 1960–
DIE WIRKLICHKEIT DES UNMÖGLICHEN von Natalie Sudman
    Die Nahtoderfahrung von Natalie, als ihr Truck im Irak von einer Bombe am Straßenrand getroffen wurde. Sie erinnert sich an die gesamte Erfahrung auf der Seite des Geistes, als sie ihren Körper reparierte, damit sie leben konnte.

1. Irak 2. Nahtoderfahrung 3. Geisterseite 4. Metaphysik

I. Sudman, Natalie, 1960– II. Irak III. Metaphysik IV. Titel

Katalognummer der Kongressbibliothek: 2021930442

ISBN: 978-1-950608-34-8

Deutsche Übersetzung von Santiago Verlag
Umschlaggestaltung: Victoria Cooper Art
Herausgeber:

PO Box 754
Huntsville, AR 72740
WWW.OZARKMT.COM
Gedruckt in den Vereinigten Staaten von Amerika

INHALT

VORBEMERKUNG DER AUTORIN

In die Luft gesprengt zu werden war kein Ereignis, das nur mir allein zugestoßen ist, doch die Erfahrungen und Interpretationen, die in diesem Buch präsentiert werden, sind allein meine eigenen. Soweit ich in Erfahrung bringen konnte, hat keiner der damals bei diesem Vorfall Anwesenden ähnliche Erfahrungen gemacht. Ich gehe vielmehr davon aus, dass sie den Kopf schütteln und die Augen himmelwärts rollen werden, wenn sie von diesem Buch erfahren. Wahrscheinlich werden sie dann meine Erinnerungen stressbedingten Halluzinationen oder den unglücklichen Nebenwirkungen einer schweren Gehirnerschütterung zuschreiben. Und einige werden sich für mich schämen – gesegnet seien ihre großmütigen Herzen.

In der Absicht, die Privatsphäre derer zu schützen, die während und nach dem Vorfall anwesend waren, habe ich die Namen dieser Menschen verändert, Ortsnamen und Daten vorsätzlich weggelassen.

Wenn eine dieser Personen dieses Buch lesen sollte, dann möchte ich diesen Menschen aus tiefstem Herzen danken. Danke, dass sie mich in Sicherheit gebracht und verarztet haben, während ich unter Morphineinfluss wahrscheinlich nur so vor mich hin gebrabbelt habe. Danke für die erfolgreichen Operationen und für die Transportflüge mit unseren Helikoptern und C-130 Transportflugzeugen. Danke, dass sie sich um mich gekümmert, mich mit so viel Aufmerksamkeit und Humor gepflegt haben – und dafür, dass sie mir einen freundlichen Schubs gegeben haben, wenn dies nötig war. Danke fürs Zuhören und für das Beantworten meiner endlosen Fragen, und danke dafür, dass Sie zusammen mit mir - und über mich – gelacht haben! Danke für die schreckliche Arbeit, sich mit dem Horror der Bundesbürokratie auseinanderzusetzen, der fällig wird, wenn eine Zivilmitarbeiterin des Militärs Opfer eines Anschlags wird und für die Insistenz, dass ich einen Pflegeplatz in einer Militäreinrichtung finden konnte – und dann auch noch die Qualität dieser Pflege zu überwachen. Danke für die Anrufe von vielen, weit entfernten Orten und für die Besuche. Auch für die Komplimente, dass ich gut aussähe, wenn ich in Wirklichkeit beschissen aussah. Danke für die erstaunlichen Geschenke ... all diese anonymen Fremden, die einfach in mein Zimmer gekommen sind: wer ward ihr eigentlich, ihr Engel? Danke für eMails, witzige Karten, farbenprächtige Blumensträuße und Blumensamen, die aufgegangen sind, während mein Körper vor sich hin heilte. Danke für die Verleihung von Orden, die ich gar nicht verdiente – und für das Zeichen der Wertschätzung, dass ich sie doch verdient hätte. Danke, dass ihr mich in eure Gebete und guten Gedanken aufgenommen habt, obwohl ich den meisten von euch nie begegnet bin.

Ich werde immer nach Mitteln und Wegen suchen, um diese Schönheit weiterleben zu lassen.

PROLOG

Ich wurde im Irak durch die Explosion einer Sprengfalle am
Straßenrand schwer verwundet. Dadurch ergaben sich nachhaltige Auswirkungen auf mein Alltagsleben: Die Sehkraft meines
rechten Auges ist beeinträchtigt, die Bewegungsfähigkeit eines
Handgelenks und einer Schulter sind eingeschränkt. Kleine Ti-
tanplättchen verschließen Löcher in meinem Schädel.

Im Kontext meiner Arbeit im Irak ist die Erfahrung, in die Luft
gesprengt zu werden, eine interessante (wenn auch theatralische)
Erinnerung, die erst dann ihren vollen Wert offenbart, wenn man
sie von der Warte des komplexen Gesamtbilds dieses Krieges
und der Arbeit, die ich dort geleistet habe, betrachtet. All diese
Erfahrungen beschreiben eine Strecke meines Lebensweges und
ein Umfeld, das ein ganzes Buch füllen würde – aber nicht dieses Buch!

Statt mich also mit der ganzen Breite der Perspektive zu beschäftigen, indem ich Ihnen Geschichten über die 16 Monate
erzähle, in denen ich im Irak im Auftrag der amerikanischen
Armee mit Wiederaufbauprojekten beschäftigt war, beabsichtige
ich in diesem Buch meinen Fokus sehr schmal zu halten, indem
ich mich darauf konzentriere zu beschreiben, was in den wenigen Sekunden zum Zeitpunkt der Explosion alles geschehen ist.
Oder vielleicht besser ausgedrückt: was *zwischen* den Sekunden
geschah. Denn als unter unserem Fahrzeug ein „improvisierter
Sprengkörper" (in militärischer Ausdrucksweise ein IED – Im-
provised Explosive Device) explodierte hatte ich das, was die
paranormale Szene als eine „Ausserkörperlichkeitserfahrung"
bezeichnet.

Ich benutze hier zwar diesen Ausdruck, „Ausserkörperlichkeitserfahrung oder AKE", ohne jedoch sicher zu sein, dass dies

die beste Beschreibung meiner Erfahrung ist. Auch die Bezeichnung „Nahtoderfahrung", NTE, mag hier zutreffen. Als die Explosion geschah, verließ ich sofort meinen Körper. Ich habe also nicht den klassischen Tunnel und das Licht erlebt, von dem andere berichten. Ich war ganz einfach, in einem Augen-Blick (Original: *in the blink of an eye*), an einem anderen Ort, mit dem ich im Grunde genommen vertraut war. Ich war bei Bewusstsein und ich weiß – und nicht, ich *glaube* – dass das, was ich erlebt habe, real war.

Ich möchte gerne daran glauben, dass mein Bericht und das nähere Eingehen auf einige der Details und Implikationen anderen Menschen in irgendeiner Weise hilfreich sein mag, denn ich nähere mich diesem Thema mit einem gewissen inneren Widerstand. Meine Gründe für dieses Zögern haben mit Faktoren zu tun, die viele andere wiedererkennen werden: Angst und Unsicherheit. Zuerst – und das als Hauptgrund – zögere ich dabei, einem allgemeinen Publikum meine niederschwellige, paranormale Sensibilität und ein Gewahrsein für diese Dinge zu offenbaren und damit Tür und Tor für die Möglichkeit zu öffnen, dass man mich lächerlich macht und mir mit Häme und Verachtung begegnet. Dies gälte besonders, wenn es von etlichen Menschen, darunter aber auch von einigen besonderen Freunden käme, zu denen mir eine Beziehung sehr wichtig ist. Das Eingehen auf Kritik durch höfliches Zuhören kann sehr ermüdend sein. Und mit Skeptikern Dialoge über übersinnliche Phänomene zu führen ist nur selten fruchtbar.

Zweitens stelle ich mich selbst in Frage, ob ich überhaupt mit genügender Autorität über Dinge schreiben kann, die andere vielleicht viel klarer oder in größerer Tiefe und mit mehr Selbstsicherheit auszudrücken imstande sind. Das soll nicht heißen, dass ich meinen eigenen Wahrnehmungen oder meiner persönlichen Autorität nicht traue, sondern mehr ein Anerkennen, dass

LeserInnen bei einem Autor/einer Autorin eine stringente Reihe von nachweislich belegten, früheren Veröffentlichungen zu schätzen wissen. Ich würde mich vielleicht wohler fühlen, mich Ihnen vorzustellen, wenn ich hier einige wissenschaftliche Studien über übersinnliche Phänomene vorweisen könnte, die erstaunliche Dinge zutage gefördert hätten und an denen ich beteiligt war oder wenn ich mich hier einbringen könnte mit Nachweisen von jahrelangen und erstaunlichen übersinnlichen Vorhersagen. Doch leider kann ich Ihnen solche Nachweise nicht liefern.

Und schließlich sind ähnliche Erfahrungen bereits in vielen anderen Büchern beschrieben worden – warum also ein weiteres hinzufügen?

Einige Vorfälle in der letzten Zeit haben mich gezwungen, mir selbst einzugestehen, dass gewisse Dinge, die mir ganz einfach und natürlich geschehen, nicht unbedingt auch für andere Menschen instinktiv und einfach sind. Was andere Menschen in wachsendem Maße in Instituten, Studiengruppen und Glaubenssystemen suchen, das habe ich, offen gesagt, immer schon gewusst und häufig schon praktisch eingesetzt. Zeitweise habe ich diese Gaben und Talente vergraben oder versucht, sie zu leugnen. Da sie aber wesenhaft zu mir gehören, ist es unmöglich, sie ganz zu verlieren. Und da das Leben mir, ohne diese Gaben zu nutzen, unerträglich langweilig oder in alarmierender Weise unwesentlich vorkommt, fühlte ich mich veranlasst, immer wieder zu ihnen zurückzufinden.

Schon als Kind hatte ich präkognitive Träume und „Visionen" im Wachzustand. Solange ich mich zurückerinnern kann, nahm ich immer schon die Energie von Gebäuden und auch die von alten Schlachtfeldern ganz akut wahr. Häufig habe ich Geistwesen gesehen oder mit ihnen interagiert. Auch hatte ich Außerkörperlichkeitserfahrungen, konnte bei Freunden wie Fremden zutreffende übersinnliche „Readings"[1] machen und unternahm, wie die Schamanen, Reisen durch andere Welten und Dimensionen. Zwar kann ich diese Erfahrungen nicht mit gutem Gewissen als Beweis für irgendetwas anführen, auch nicht als Validierung einer wie auch immer gearteten Autorität auf dem Gebiet des Paranormalen. Nur in ganz wenigen Fällen habe ich eine Erfahrung mit einem anderen Menschen geteilt, der den jeweiligen Wahrheitsgehalt zu bestätigen vermochte.

Meine innere Selbstüberzeugung in Bezug auf den Wert dessen, von dem ich weiß, dass es wahr ist, ist gegenwärtig meine einzige Autorität, wenn ich mich mit Themen beschäftige, die unter die weitgespannte Rubrik paranormal/übersinnlich fallen. Der letzte Anstoß, meine Befürchtungen und Unsicherheiten zu überwinden und dieses Buch zu schreiben war die damit verbundene Möglichkeit, die Tatsache anzuerkennen, dass es da draußen noch andere Menschen wie mich gibt, die ähnliche Erfahrungen gemacht haben und denen es gut tut zu wissen, dass sie nicht die einzigen sind, die daran herumdoktern. Oder weil es vielleicht Menschen gibt, die mehr über diese Themen wissen wollen und die diese ganz bestimmte Stimme noch nicht gefunden haben, mit der sie sich verbunden fühlen. Die innere Stimme, bei der sie nur noch denken „Ja! Ja! Ja, geht mir genauso!"

Die meisten Stimmen, die in Büchern und in den Medien zu mir gesprochen haben, sind, offen gesagt, keine, mit denen ich mich verbunden fühle, und dies aus mehreren Gründen, die sich am einfachsten in der Negativform ausdrücken lassen: ich bin nicht der Überzeugung, dass ich einem Ashram beitreten, Studien mit dem Dalai Lama treiben, mit einem einheimischen Amerikaner (Indianer) in der Schwitzhütte sitzen, Ayahuasca[2] mit einem

---

[1] Vergleichbar dem „Channeling"

[2] Ein magischer Tee aus dem Amazonasurwald, der Halluzinogene enthält und zur spirituellen Bewusstseinserweiterung getrunken wird.

peruanischen Schamanen trinken, tausende von Euro für Workshops ausgeben oder auf irgendeine andere Art und Weise an einem Glaubenssystem anderer Menschen teilhaben muss, um weise zu werden, um Nirvana zu berühren, Wunder zu wirken oder mich mit meinem Höheren Selbst oder einem Schöpfer zu verbinden - oder um mit allem Eins zu werden. Ich glaube nicht daran, dass es universelle Traumsymbole gibt oder Interpretationen, die auf das ganze Universum anwendbar sind, wie z.b. das Erscheinen von gewissen Tieren im Leben eines Menschen. Ich glaube nicht daran, dass ich Kristalle oder Aromen brauche, oder eine gewisse Ernährungsform einhalten muss, um mein Schwingungsgewahrsein oder meine Schwingungskapazität zu steigern. Ich glaube nicht, dass ein anderer Mensch den Schlüssel zu meinem Pfad zur Erleuchtung in der Hand hält. Ich glaube nicht daran, dass die Rituale anderer Menschen unbedingt auch auf mich eine gute Wirkung haben oder dass das, was ich sehe, wertvoller ist als das, was sie sehen - oder dass ich absolut alles schaffen, erschaffen kann, was ich im Leben möchte, wenn ich nur ihren zehn Schritten folge. Ich glaube nicht daran, dass mich meine Gaben oder Erfahrungen zu etwas Besonderem oder Wertvollerem als andere Menschen machen. Meine Erfahrungen und Nachforschungen legen vielmehr nahe, dass die Werkzeuge, Requisiten und Verhaltensmaßregeln, so wie sie von spirituellen Gruppen und den Interessen einzelner gefordert werden, im Grunde genommen unnötig sind. Sie können als *Ausgangspunkte* oder als Lehrmittel von unschätzbarem Wert sein, sind aber *keine Voraussetzungen* und können im schlimmsten Fall sogar Hindernisse darstellen auf dem Weg zu persönlichem Wachstum, bei der Erforschung von weiterführenden Themen und für das Finden von Antworten für die besten Fragen, die ein Mensch sich stellt.

Positiv ausgedrückt bin ich der Meinung, dass das Paranormale, das Übersinnliche, ganz normal ist. Ich denke, dass wir alle die natürliche Begabung zu ganz verschiedenartiger, übersinnlicher Sensitivität haben, obwohl einige Menschen dazu mehr natürliche Gaben oder Talente mitbringen, so wie es ja auch Menschen gibt, die mehr natürliches Talent für Musik oder Sport mitbringen als andere. Ich weiß Bescheid über die einschränkende Macht von Furcht und Ängsten und von kulturellen Programmierungen, die wir mit uns herumtragen, ohne dass wir uns wirklich bewusst sind, welchen Einfluss sie auf unser Leben ausüben. Ich glaube daran, dass die Wissenschaft durchaus imstande ist, einige der Energien des Übersinnlichen, die die Menschen bereits kennen, für alle nutzbar machen und man hätte das bestimmt schon versucht und durchgeführt, wenn nur die Mehrheit der wissenschaftlichen Welt aufgehört hätte, darauf zu pochen, dass etwas nicht existiert, nur weil es bisher nicht beschrieben wurde oder weil es nicht in eine der gängigen Theorien passt (die doch nichts anderes sind als genau das ... *Theorien*). Ich bin der Meinung, dass all die „Werkzeuge" wie Bücher, Trainingsprogramme, individuelle Lehrer und Gurus (Wissenschaftler und Kleriker eingeschlossen) ihren Wert nur bis zu dem Punkt haben, von dem an man sie hinter sich lassen kann und an dem der Student sein eigener Lehrer wird.

Ich bin der Meinung, dass jede(r) von uns sich dafür entschieden hat, unsere jeweiligen Leben *so, wie sie sind*, zu erfahren, während wir ständig weiter lernen, Dinge (er)schaffen und uns von einem Moment zum anderen schon wieder verändern. Dabei bereichern und verbessern wir uns als ganzheitliche Wesen, so wie wir auch die Erfahrungen der anderen Wesen in diesem physikalischen Universum bereichern – meist unbewusst, aber mit Einwilligung des jeweils anderen. Und ich glaube an den besonderen Wert, der darin liegt, dass ich persönliche Verantwortung für alles übernehme, was ich in meinem Leben (er)schaffe und erfahre.

Auch weiß ich über meine eigene Unvollkommenheit, mein inneres Durcheinander und meine Verwirrtheit in dieser Schöpfung und mit dieser Erfahrung, während ich gleichzeitig ein perfektes Wesen bin – zutiefst heil und ganz und gar im Frieden.

Ähnliche Erfahrungen von AKE und NTE-Zuständen haben bei anderen Menschen zu einer drastischen Veränderung der Realitätswahrnehmung und des Realitätsverständnisses geführt. Meine Erfahrung jedoch ist für mich mehr eine Bestätigung und Erweiterung, denn solange ich denken und mich erinnern kann, habe ich schon immer paranormale Phänomene erlebt. Und obwohl ich gelernt habe, die meisten dieser Wahrnehmungen für mich zu behalten, habe ich im Großen und Ganzen mein Vertrauen in meine eigenen Erfahrungen beibehalten, ungeachtet der kulturellen Programmierung, die unaufhörlich beteuert, dass es sich dabei um Dinge handelt, die ich mir ausgedacht habe. Obwohl ich also meine AKE nicht als revolutionär bezeichne, ist sie doch ein Teil einer immer weitergehenden, persönlichen Evolution und sie hat, im Zusammenhang mit den physischen Effekten der Explosion, auf mein Leben eingewirkt.

Meine Befürchtungen und Unsicherheiten beiseite schiebend, habe ich mich dazu entschlossen, dieses Buch über meine Erfahrungen und meine diesbezüglichen Gedanken zu schreiben - sowohl zu meiner eigenen Freude als auch in der Hoffnung auf eine Ausweitung der behandelten Themen durch Dialoge.

1. DER KATALYSATOR

Ich hatte gerade die Augen geschlossen. Mit einer Hand stützte ich meinen Kopf und den Ellbogen hatte ich auf die Armlehne gelegt. Ein langer Tag mit Baustellenbesuchen lag hinter uns und jetzt waren wir nur noch wenige Minuten von unserem Basislager entfernt. Schon seit einiger Zeit hatte ich nicht mehr darauf geachtet, was außerhalb des Fahrzeugs passierte und wie weit wir vom Rest der Sicherungsfahrzeuge unseres Konvois entfernt waren. Dieses Team schien mir zwischen unseren Fahrzeugen einen Abstand von ca. einem halben Kilometer einzuhalten und ich hatte auch unsere Eskorte der irakischen Polizei schon einige Zeit nicht mehr gesehen. Da ich die beiden Security-Männer auf den Vordersitzen unseres Fahrzeuges nicht kannte, hatte ich auch nicht mit ihnen gesprochen. Einige dieser Leute ziehen es ohnehin vor, ihre gesamte Aufmerksamkeit auf die Umgebung zu richten – sie sprachen auch untereinander nicht und deshalb ging ich davon aus, dass Fragen oder Kommentare meinerseits nicht willkommen waren. Das Team war untereinander durch Headset-Kommunikation verbunden, was eine besonders langweilige Art zu reisen ist, wenn man auf dem Rücksitz eines gepanzerten Land Cruisers sitzt und von der Geräuschkulisse der hyperaufmerksamen Securityleute abgeschnitten ist, die sich untereinander durch eine Vielzahl von Warntönen informierten. Als Passagier war ich längst an dem bekannten Punkt angekommen, an dem man in absolute Langeweile verfallen ist.

Alles was ich hörte, war ein „PLOPP"... ein Geräusch, als wäre in einigen hundert Meter Entfernung eine Sektflasche geöffnet worden oder als ob man über Microsoft ein neues Fenster im PC öffnet. Oder ein Fingerschnippen auf der anderen Seite des Büros.

Ich kann mich lebhaft daran erinnern, dass ich einen langen tiefen Atemzug machte – mehr ein Seufzer, der einen inneren Seufzer widerspiegelte. Ich dachte: *Shit.* Innerlich war ich erschöpft, ermüdet von langen Arbeitstagen, verbracht mit dem Versuch, einen neuen Projektmanager einzuarbeiten, während ich gleichzeitig meine eigenen, anspruchsvollen Arbeitsaufgaben erledigen wollte, nachdem ich gerade zwei nur ungenügend lange Erholungswochen gehabt hatte. Und jetzt wollte ich gewiss keine harte Arbeit und nichts, was eine besondere Anstrengung erforderte. Ich wollte nur ausruhen.

Pech!

Ich sagte zu mir selbst: einfach weitermachen!

Ich öffnete meine Augen.

Dies ist ein Teil des Berichtes, den ich kurz nach meiner Entlassung aus dem Walter-Reed-Army-Medical-Center geschrieben hatte. Immer und immer wieder habe ich diese Geschichte während des Monats, in dem ich stationäre Patientin war, geistig wiederholt und durchlebt als ich versuchte, meinen Vorsatz zu verwirklichen, ganz genau zu behalten, was ich wahrhaftig erinnerte. Einer Erinnerung etwas hinzuzufügen oder etwas davon abzuziehen ist leicht - wir alle tun das, gewohnheitsmäßig. Fest entschlossen, jegliche Form einer Fiktion auszuschließen, die ich mir ausgedacht haben könnte, hoffte ich, diesen Vorfall in einem Buch zu verwenden, das ich über meine 16 Monate als Managerin von Wiederaufbauprojekten im Irak schreiben wollte. Ich wollte, dass dieser ganze Bericht so genau ausfällt, wie es nach meiner eigenen Erinnerung möglich war - ohne in theatralische Kriegsbeschreibungen zu verfallen. Ich war fest entschlossen, nicht in die politische Falle einer vereinfachten ideologischen Unterstützung oder Verurteilung unserer Aktionen im Irak zu geraten oder beleidigte Kommentare über Korruption und schändliche Dinge in Bezug auf die Wiederaufbauprojekte abzugeben. Sensationelles in jeder Form verkauft sich zwar besser - ich bin jedoch der Meinung, dass nur komplexe Berichte wertvolle Wahrheiten enthalten. Ich wollte meine Erfahrungen in einer Art und Weise wiedergeben, die wahrheitsgetreu diese feine und wunderbare wilde Essenz des Menschseins mit all ihren mannigfaltigen Paradoxa und ihrer ganzen Komplexität beschreibt und am Ende etwas erreichen, das wirklich wichtig ist.

Die hier wiedergegebenen Details entsprechen also alle der Wahrheit - sofern wir Auslassungen nicht als Lüge werten. Bei all meiner Insistenz, die Vorkommnisse wahrheitsgetreu zu beschreiben, amüsiert es mich jetzt, dass ich durchaus beabsichtigte, den aus meiner persönlichen Sicht interessantesten Teil des Vorfalls auszulassen.

Hier folgt also der weitere Teil meiner Geschichte:

Ich saß also in diesem Fahrzeug, Kopf in der Hand, halb eingeschlafen – und dann war ich da auf einmal nicht mehr. Ich werde diese instantane Bewegung von einem Ort zum anderen in Ermangelung eines besseren Ausdrucks in Zukunft „blinzelschnell" nennen wenn es darum geht, sich in der Kürze eines Wimpernschlags von einem Ort zu einem anderen zu verändern" (im amerikanischen Original: *blinking from one place to another*), schnell wie ein Augen-Blick.

In diesem neuen Umfeld stand ich auf einem ovalen Podium und gab mir in meiner blutigen und zerzausten Uniform ein ziemlich unerschrockenes Image, allerdings ein wenig mit hängenden Schultern, dreckig und dunkelbraun, und richtete meine Worte an tausende weißgekleideter Wesen oder Persönlichkeiten (Original: *beings or personalities*). Sie umgaben mich von allen Seiten, so als würde ich in der Mitte eines riesigen Stadiums stehen. Das Podium, auf dem ich stand, hatte vielleicht einen Durchmesser von sieben Metern.

Diese Persönlichkeiten waren in ihrer Erscheinungsform nicht physisch und nahmen jeweils nur dann eine Form an, wenn sie dies für einen speziellen Zweck für sinnvoll und passend hielten. Und ich nahm die Art und Weise ihres Aussehens in der Form wahr, die ich für meine Absichten vorzog. Zu jener Zeit, da ich ja sehr abrupt von der physischen Ebene wegtransferiert worden war, war es für mich einfacher, sie in menschlicher Form wahrzunehmen, bekleidet mit leuchtend weißen Roben.

Die meisten dieser Tausende von Wesen waren mir bekannt und vertraut, und alle standen mit mir auf gleicher Stufe, ungeachtet ihrer Bewunderung für meine letzte, törichte Errungenschaft auf Erden (wie wagemutig ist es denn in Wahrheit, wenn man sich dazu entscheidet, in die Luft gesprengt zu werden?). Ich wusste, dass diese Versammlung ein Zusammenkommen von vielen Gruppen war, die eine große Spannweite von Interessen und Verantwortlichkeiten repräsentierten, die nicht nur Energien zuzuordnen waren, die direkt mit der Erde und dem physikalischen Universum zu tun hatten, sondern auch mit Dimensionen und Themen, die darüber hinaus gingen.

Zu Anfang kommunizierte ich meine Befindlichkeit, dass ich mich müde und erschöpft fühlte und kein Interesse mehr daran hätte, auf die physische Ebene zurückzukehren. Ich hatte begriffen, dass diese Entscheidung allein mir überlassen war - und an diesem Punkt stand meine Entscheidung fest, meine physische Existenz zu beenden.

Unmittelbar danach, oder besser ausgedrückt, in diese Kommunikation eingebettet, präsentierte ich der Versammlung etwas, das mir - von der Warte meines physischen Körpers/bewussten Geistes im Rahmen meiner Wahrnehmung aus - ein Transfer von Informationen in Form einer unerklärbar komplexen Matrix zu sein schien.

Die Informationen waren gleichzeitig bis ins Einzelne detailliert als auch - auf mehreren Ebenen – weitläufig konzeptionell und unendlich verdichtet, dabei von einer eleganten Einfachheit. Sie schlossen Begebenheiten, Gedanken, Situationen sowie Individuen und Gruppen in all ihrer Beziehungskomplexität ein: Geschichten, Konzepte, Verbindungen, Nuancen, Ebenen, Bewertungen und Projektionen - kinetische Gleichungen, Dimensionen, Symbole und Abläufe. Dieser Download war mehr als der klassische Lebensrückblick im Zeitraffer, im weitesten Sinne war er mehr eine Sammlung von kulturellen und politischen Informationen. Ich war mir bewusst, dass ich all diese kondensierten Daten freiwillig abgab, weil ich bereits früher dem diesbezüglichen Wunsch dieser Versammlung von Persönlichkeiten nach gewissen Informationen zugestimmt hatte, nämlich schon bevor ich diesen Körper für meine physische Lebenszeit annahm.

Während die `Persönlichkeiten' die Matrix, die ich ihnen zur Verfügung gestellt hatte, studierten und aufnahmen, amüsierte ich mich geradezu über die Bewunderung, die man mir entgegenbrachte. Sie waren tatsächlich beeindruckt, nicht nur durch meinen „Raiders-of-the-lost-Ark[3]" Look, sondern auch durch die Tiefe und Breite an Informationen, die ich beibrachte. Ich hingegen empfand diese Aufgabe als einfach und die Informationen als so offensichtlich, dass sie eigentlich keiner besonderen Bewunderung und Würdigung wert waren.

Nachdem die Gedankenmenge oder die Matrix von allen absorbiert worden war, was nur Sekunden gedauert hatte, kamen Diskussionen zwischen einzelnen Gruppen und in der Gesamtheit der Versammlung in Gang. Dies mag unmöglich scheinen unter dem Aspekt, dass es sich um tausende von Wesen handelte – war es aber nicht. Es gab keine Überschneidungen, keine Unterbrechungen, keine Missverständnisse; divergierende Meinungen wurden respektvoll und nachdenklich behandelt und gelöst. Die gesamte Kommunikation erfolgte in rein gedanklicher Form.

---

[3] Deutsch: *Jäger des verlorenen Schatzes* ist ein Abenteuerfilm von Steven Spielberg aus dem Jahr 1981und der erstproduzierte Teil der Indiana-Jones-Filmreihe.

Die Wesenheiten baten mich sodann darum, doch in den physischen Körper zurückzukehren, um einige weitere Aufgaben zu lösen. Man gab mir zu verstehen, dass meine ganz besonderen Fähigkeiten im Umgang mit Energie gerade zu dieser Zeit ganz besonders gebraucht würden, dass sie jedoch nur dann effektiv zum Einsatz kommen könnten, wenn ich gerade zu dieser Zeit innerhalb der Erdenschwingung tatsächlich in einem Körper wäre. Meine Antwort darauf war, dass ich wohl willens wäre, aber aufgrund des Grades meiner Erschöpfung und meines Desinteresses daran, die Schwierigkeiten dieses ganz speziellen physischen Lebens, das ich bis dato geführt hatte, weiter zu ertragen, bat ich darum, dies zu berücksichtigen und mir deshalb bei einer Fortsetzung der physischen Existenz spezielle Hilfe zu gewährleisten.

Während wir alle noch damit beschäftigt waren, einige der Details zu verdauen, zog ich mich an einen weiter entfernten Ort zurück, den ich, in Ermangelung einer besseren Beschreibung, als eine andere Schwingungsdimension bezeichnen möchte und an dem ich mich erholen und meine Energien wieder aufladen konnte. Andere Wesen halfen dabei und erledigten die Hauptarbeit, während ich in eine Art Zustand tiefer spiritueller Erholung eintrat. Aus der physischen Perspektive dauerte dieser Status eine Zeitspanne, die Tausende von Jahren entsprach, jedoch in weniger als einem Moment ablief.

Als ich zu der Versammlung zurückkehrte, einigten wir uns auf ganz spezielle Aufgaben, die ich noch lösen würde und ebenso spezielle Dinge, bei denen sie mir helfen würden, wenn ich zur physischen Ebene auf der Erde zurückkehrte. Dies war kein *Tauschgeschäft*, wie wir von unserer kulturellen Perspektive aus vielleicht annehmen würden. Es hatte mehr von einem zutiefst bereitwilligen Schenken oder dem Zulassen einer dienstbaren Leistung, bei der kein Gewicht auf den jeweiligen Wert oder den jeweiligen Aufwand gelegt wurde, der sonst mit Vereinbarungen verbunden war.

Nachdem ich dem zugestimmt hatte, bewegte ich mich an einen Ort, an dem eine andere Schwingung herrschte und wo man an meinem physischen Körper eine Heilbehandlung vollzog. Von diesem Ort aus konnte ich meinen physischen Körper dort in dem Fahrzeug liegen sehen, den Kopf von der rechten Hand gestützt, den Ellenbogen auf der Türklinke, genau so, wie ich die dortige Situation verlassen hatte. Auch konnte ich meinen Körper als eine energetische Matrix sehen. Indem ich den Zustand simultan von beiden Ebenen aus betrachtete, konnte ich genau sagen, dass meine rechte Hand in Höhe des Handgelenks fast abgerissen war, mein rechter Fuß und das Fußgelenk ganz furchtbar verdreht waren und dass ich eine tiefe Wunde an meinem rechten Oberkörper hatte. Auch sah ich ein großes Loch in meinem Kopf: ein Auge fehlte, wie auch ein Teil meines Gehirns.

Einige Energiewesen und ich arbeiteten zusammen, um den Körper, hauptsächlich durch die Matrix, sehr schnell zu reparieren. Alle Verletzungen wurden jedoch nicht vollständig ausgeheilt, denn einige von ihnen wurden noch gebraucht, um mich für die Aufgaben, die ich noch auszuführen vereinbart hatte oder für die Dinge, die ich als unendliches Selbst in seiner Ganzheit noch erfahren wollte, in die rechte Ausgangsposition zu bringen. Während wir arbeiteten, scherzten wir miteinander darüber, was eigentlich noch gemacht oder auch nicht getan werden sollte, und wir alle alberten auf ganz entspannte Art und Weise miteinander herum.

Als wir diese Arbeit beendet hatten, dankte ich meinen Gefährten und bewegte mich dann auf wieder auf eine andere Ebene und an einen Ort, der als geeigneter Startpunkt für die Rückreise diente. Auch dort traf ich kurz mit einigen anderen Wesen zusammen, die mir bekannt waren. Wir diskutierten noch einige mechanische Details in Bezug auf die Vereinbarungen, die ich zu Gunsten der Versammlung getroffen und auf die ich mich eingelassen hatte, sowie einige persönliche Themen. Dann nahm ich ganz einfach einen tiefen Atemzug - und schon war ich zurück in meinem Körper.

Ich vermute mal, dass all diese Begebenheiten, die ich gerade beschrieben habe, auf der physischen Ebene in einem Zeitraum von weniger als fünf Sekunden stattgefunden haben. Unser Fahrzeug war noch nicht zum Stehen gekommen und rollte noch immer die Straße hinab, als ich meine Augen wieder öffnete. Ich war mir dieser plötzlichen Trennung jedoch bewusst und hatte einen kurzen Erinnerungsblitz von einigen Details über das, was gerade geschehen war, aber diese Erinnerung wurde sofort ausgeblendet, damit ich mich mit dem beschäftigen konnte, was auf der physischen Ebene stattfand.

Diese Außerkörperlichkeitserfahrung (AKE) fand nach unserem Zeitverständnis in der Vergangenheit statt, ich kann jedoch diese Erfahrung immer wieder aktivieren und sie ist noch stets lebendig. Die Szenen und meine Teilnahme an ihnen haben noch stets die Qualität und den Detailreichtum wie meine liebsten Erinnerungen aus meinem Wachbewusstsein oder aus luziden Träumen und alles ist noch so lebendig, wie ich es in Wirklichkeit erlebt habe. Ein Vorteil dieser luziden Wahrnehmung ist jedoch, dass ich imstande bin, isolierte Segmente davon gleichzeitig mit einem simultanen Bewusstsein meiner Selbst in diesem physischen Umfeld wahrzunehmen. Indem ich eine physische Lebensperspektive zu dem hinzuziehe, was ganz offensichtlich ein Umfeld ist, das sich drastisch von dem unterscheidet, was wir normalerweise als normal bezeichnen, erlaubt mir dieser Umstand nun, tiefere Ebenen sowohl des Geschehens als auch des Ortes und des Umfelds zu untersuchen und zu beschreiben, die in meinem kurzen, o.a. Bericht nur angedeutet oder bisher gänzlich ausgelassen wurden.

Indem wir uns durch unser tägliches Leben manövrieren, nehmen wir doch grundsätzliche Strukturen unserer Kultur und unserer Umwelt als gegeben und selbstverständlich an - und genau so machte ich es auch während meiner AKE. Während dieser

Erfahrung dachte ich z.B. nicht: „*Warum kommuniziere ich nur in Gedanken? Wie ist das nur möglich?*" In unserem ganz normalen Alltagsleben denken wir doch auch nicht: „*Wie ist es nur möglich, dass ich Worte aneinanderfüge, die konzeptionelle Gedanken wiedergeben und wie schaffe ich es dann auch noch, diese Worte hörbar zu machen, indem ich alle dazu nötigen Muskeln koordiniere?*" Wir gebrauchen also physikalische und kulturelle Werkzeuge und setzen auch unsere Sinnesorgane ein, ohne uns Gedanken über ihren Ursprung oder ihre mechanische Wirkungsweise zu machen.

Diese *Grundannahmen und -voraussetzungen* (Engl: *base assumptions*) bezüglich unserer physikalischen Welt sind häufig nicht im Fokus unserer Aufmerksamkeit, solange sie nicht mit einer Herausforderung konfrontiert werden wie z.B. durch ein anderes Set von Grundannahmen. Nehmen wir ein ganz einfaches Beispiel auf kultureller Ebene: wir beobachten, dass Amerikaner eine Pizza zum Essen in die Hand nehmen und denken gar nicht darüber nach, das es dabei kulturelle Unterschiede geben könnte, doch bei einem Spanienbesuch beobachten wir plötzlich, dass man dort Pizza mit Messer und Gabel isst. Ein Amerikaner macht sich vielleicht keine Gedanken darüber, wenn er einem Geschäftsfreund etwas über seine bevorstehende Scheidung erzählt, während sich ein Engländer sehr unwohl fühlen würde, wenn ihm ein nur flüchtig bekannter Mensch beiläufig eine so persönliche Information mitteilen würde (Ausnahme: wenn sie in Form von schwarzem Humor serviert wird - dieser sehr britischen Form der Rettung in gesellschaftlichen Situationen). In einigen Kulturen existiert die Spielregel, dass man vor einer roten Ampel unbedingt anhält, während in anderen Kulturen eine rote Ampel nicht als Gesetz akzeptiert wird, sondern mehr als ein höflicher Vorschlag, der aber nicht immer wirklich nützlich ist.

Auf einer anderen Ebene musste ich feststellen, dass ein Handgelenk von ganz vielen Muskeln und Sehnen bewegt wird - aber das nahm ich nicht bewusst wahr, bevor nicht mein eigenes Handgelenk zerschmettert und unbeweglich wurde und ich gezwungen war, ganz von neuem zu lernen, dieses Gelenk zu bewegen, indem ich eine entsprechende Kombination von Muskeln benutze, statt sie mit anderen Gliedmaßen zu kompensieren. Und wieder auf einer anderen Ebene finden wir viele Kulturen, die davon ausgehen, dass Träume keine wahren Erfahrungen sind, während andere Völcker sie für realer als die physische Welt halten.

Die unbewussten oder unterbewussten Grundannahmen und Einstellungen, die wir mit uns herumtragen, sind Strukturen, die uns erlauben, miteinander und mit der physikalischen Welt in einer Art und Weise zu interagieren, die auf Vereinbarungen beruht und unserer kollektiven Erfahrung einen Sinn gibt. Wenn ich meine Erinnerungen nicht nach Datum, sondern nach Thema oder Sachgebiet ordnen müsste, dann wäre schon das Ausfüllen eines Formulars über meine medizinische Vorgeschichte unnötig kompliziert. Wenn ich Zeitangaben in Form von Wetterverhältnissen machen würde, während andere eine Uhr benutzen, wäre es wahrscheinlich schwierig, ein Treffen mit einem Freund zu vereinbaren. Weil ich aber jetzt imstande bin, meine AKE zu erinnern und mir gleichzeitig unseres kollektiven, physischen Bewusstseins gewahr bin, unserer von uns allen geteilten Realität, dann erlaubt mir das, einige der unterschiedlichen Grundannahmen, die in jedem von uns aktiv sind, in den Mittelpunkt unserer Aufmerksamkeit zu rücken.

Tiefe und Breite von Informationen, die während einer AKE plötzlich geboten werden, sind so reichhaltig, dass es sehr problematisch ist, sie in einer linearen Abfolge so zu organisieren wie es eigentlich nötig ist, um sie aufzuschreiben. Ich versuche dieses Problem so zu lösen, indem ich jedes Kapitel mit einem Teil meines Berichtes beginne und diesen Text dann als Referenz nehme, um im jeweils Folgenden darauf näher einzugehen. Auf diese Art und Weise werde ich meine LeserInnen auf der Reise durch meine Erfahrung etwas langsamer und ausführlicher mitnehmen, wobei ich das blanke Knochengerüst meiner eigenen Grundeinstellungen wie auch meine Eindrücke und Schlussfolgerungen offenbare, um zumindest einige grundlegende Aspekte der Realität, die ich erfahren habe, besser zu verstehen.

Nach einer eingehenderen Untersuchung und Analyse dieses Vorfalls versuche ich dann im letzten Kapitel die Informationen zusammenzufassen, indem ich in großen Zügen beschreibe, wie diese Erfahrung mein physisches Leben bereichert hat. Und nicht nur meines – denn schließlich sind wir alle, einschließlich Sie als meine Leserin, mein Leser, zu dieser Zeit gleichzeitig am Leben und ganz bewusst in unseren Körpern und in diesem physischen Umfeld. Wenn die Außerkörperlichkeitserfahrung all diese Leben nicht berühren würde, dann wäre ihr Wert tatsächlich fragwürdig. Die praktische Nutzanwendung im Leben, also die Manifestation jeglicher Erfahrung bildet die Bühne, auf der wir uns entschieden haben zu lernen und zu wachsen.

2. DAS UMFELD

Ich war im Fahrzeug, Kopf in der Hand, halb eingeschlafen –
und dann war ich da auf einmal nicht mehr. Ich werde diese
schnellen, augenblicklichen Ortswechsel (im Original: *„blinking from one place to the other")* in Ermangelung eines besseren Ausdrucks in Zukunft „blinzelschnell" nennen.
In diesem neuen Umfeld stand ich auf einem ovalen Podium und gab mir in meiner blutigen und zerzausten Uniform
ein ziemlich unerschrockenes Image, allerdings ein wenig mit
hängenden Schultern, dreckig und dunkelbraun, und richtete
meine Worte an tausende weißgekleideter Wesen oder Persönlichkeiten. Sie umgaben mich von allen Seiten, so als
würde ich in der Mitte eines riesigen Stadiums stehen. Das
Podium, auf dem ich stand, hatte vielleicht einen Durchmesser von sieben Metern.

Ein logischer Ausgangspunkt, um den Bericht der Ausserkörperlichkeitserfahrung (AKE) zu beginnen mag sein, sich auf Aspekte des Umfelds zu konzentrieren: auf die Bühne sozusagen, auf
der die Handlung stattfindet und die Personen interagieren. Mit
dem Umfeld meine ich aber nicht einfach nur den Ort selbst, an
dem ich mich auf einmal befand und sein Aussehen, sondern
auch einige mitschwingende Qualitäten dieses Ortes, die ebenfalls als Grundlage für meine Einschätzungen und Vermutungen
dienten, weil sie meiner Wahrnehmung in dieser Umgebung
sowohl Informationen lieferten als auch Verständnishilfe waren.

Obwohl ich die Situation hier so geschildert habe, nehme ich
nicht an, dass diese tausende von Wesen tatsächlich weiße Roben trugen und in einer Art Stadium saßen. Wenn ich mir diese
Erfahrung noch einmal vor Augen führe, dann kann ich nun die-

se Persönlichkeiten visuell auch als Lichtpunkte im Raum oder als separate Energien wahrnehmen. Auch kann ich sie als unterschiedliche Tonwerte hören. Andere Wahrnehmungsmöglichkeiten wären, sie als individuelle Monster oder als unterschiedliche Tiere zu sehen.

Obwohl eine glückliche Dosis von Percocet[4] möglicherweise eine Rolle dabei gespielt haben mag als ich begann, mir diese Wesenheiten als Monster oder Tiere vorzustellen, so war diese Vorstellung zu Anfang eine Art Spiel mit der Absicht, die Elastizität der Wahrnehmung zu testen und gleichzeitig damit auch spezifische Charakteristika des Umfelds, das ich hier erlebte. Weiterhin überzeugte mich diese Übung aber auch von der Validität meiner Erfahrung. Obwohl ich visuelle Details wie die weißen Roben und das Stadium verändern kann, scheinen andere Einzelheiten meiner Erfahrung unveränderbar zu sein. Wenn ich versuche, den Tonus der Versammlung zu verändern oder Fakten wie z.b. die Art und Weise meines Aussehens, die Informationen, die dabei ausgetauscht wurden oder den Ablauf der einzelnen Situationen, dann wird meine Erinnerung entweder eine Art statischer, zweidimensionaler sensorischer Schnappschuss - oder ich erinnere überhaupt nichts mehr.

Die Fähigkeit, einige Details zu verändern, während andere im Gedächtnis absolut fixiert bleiben, führen mich zu der Schlussfolgerung, dass diese fixierten Wahrnehmungen sozusagen *pur* sind. Auch ist es möglich, dass die statischen Szenen und das Ausbleiben von jeglicher Erinnerung bedeuten, dass wir es hier mit einer Art mentaler Blockade zu tun haben - obwohl ich es selbst nicht so sehe. Gehören sie doch zu Teilen meiner Erinnerung, die keine große Bedeutung haben: warum wird zum Beispiel keine Veränderung in meiner Erinnerung zugelassen über

---

[4] In den USA gebräuchliches Schmerzmittel, ein Opioid.

die Art und Weise meines Aussehens? Um ganz ehrlich zu sein, hätte ich es durchaus genossen, mit Bildern herumzuspielen, sodass ich selbst dabei attraktiver, dramatischer oder würdiger ausgesehen hätte. Warum kann ich kein Blut fließen lassen, einen abenteuerlichen Hut dazuerfinden, diesen kleinen Zweig aus meinen Haaren nehmen oder mich in eine bessere Uniform fantasieren, anstatt in diesen blöden, braunen Tarnhosen herumzulaufen, die einfach nur plump aussehen und nicht die wunderbar nützlichen vielen Taschen haben wie die andere Uniform. Und warum kann ich nicht die gesamte *Gestalt* der Erinnerung verändern, wenn ich mich doch mit einigen Teilen davon gar nicht wohl fühle? Ich könnte sie doch so modellieren, dass sie den Beschreibungen von NTEs anderer Menschen mehr gleicht oder mir einen Spaß machen, indem ich einige witzige Hinweise auf Experimente in meinem Leben einbaue, die entweder für mich persönlich eher peinlich waren oder die ich bedauere. Gleichzeitig könnte ich anfügen, was ich in Zukunft anders mache.

Aber das alles kann ich nicht. Das einzige, was ich machen kann, ist, mich bei diesen Versuchen selbst zu beobachten.

Doch während dieser Versuche kann ich tatsächlich subtile Unterschiede entdecken, die zwischen den veränderlichen und den unveränderlichen Charakteristika bestehen. Diese unveränderlichen Teile meiner Erinnerung verbindet eine tiefe Vertrautheit, so wie ein besonderes Zeichen von Authentizität. Dies ist ein *Gefühl*, das ich nicht so einfach beschreiben kann. Es hat Ähnlichkeit mit der Wahrnehmung eines Unterschieds, den ich *spüre*, wenn ich einerseits eine Türe schließe, die innen hohl ist, und dies andererseits vergleiche mit dem Schließgefühl einer massiven Eichentür. Den gleichen Unterschied spüre ich, wenn ich eine Fotografie von Michelangelos David betrachte oder die Statue tatsächlich vor mir habe. Oder der Unterschied, den ich fühle, wenn ich eine realistisch aussehende Seidenblume berühre und im Vergleich dazu eine wirkliche Blüte.

Die unveränderlichen Charakteristika zeichnet ein Gefühl des Lebendigseins aus.

Die veränderlichen Teile der Erinnerung an dieses Umfeld fühlen sich im Gegensatz dazu weniger konkret an. Sie scheinen weniger durchlässig oder geben mir das Gefühl, dass sie vage hin und her schwanken und sich nicht in einen klaren Fokus fassen lassen. Es fühlt sich so an, als ob sie nicht atmen würden.

Eine Möglichkeit, die veränderbaren Teile zu verstehen ist, dass mein bewusster, wacher Verstand die ursprüngliche Wahrnehmung mit etwas überschrieben hat, das für ihn verständlicher oder leichter zu akzeptieren ist. Die Tausende von Persönlichkeiten in weißen Roben habe ich ja vielleicht umfassender und genauer wahrgenommen mittels eines Sinnes, der außerhalb von dem existiert, was mein physischer Körper benutzt. Ohne eine Interpretation wären Sinneswahrnehmungen dieser Art für meinen bewussten Verstand also im Rahmen unserer physischen Umgebung entweder unbeschreibbar oder unverständlich. Vielleicht können wir ihr So-Sein auch genauer umschreiben wie die Wahrnehmung eines Geruchs, den ich im physischen Körper nicht mag, wie zum Beispiel ein faules Ei oder eine verwesende Kuh. Oder eine visuelle Wahrnehmung, die ich gelernt habe als eklig oder gruselig zu bezeichnen, wie eine Kakerlake oder eine sabbernde Bulldogge. Solche Wahrnehmungen hätten die Qualität eines Ärgernisses, das vom eigentlichen ablenkt, weil all meine Aufmerksamkeit darauf gelenkt ist, wie sonderbar oder eklig es ist. Durch eine physisch vertraute Art und Weise, visuelle Wahrnehmungen zu identifizieren, finden die Interpretationen in einem angenehmen und vertrauten Rahmen statt, der es erlaubt, dass meine Aufmerksamkeit für wichtigere Informationen offen ist.

So wie die Wahrnehmungen von Raum und Zeit.

Dieser Blinzel-Raum (im Original: *blink environment*) existiert nicht in einem Raum und in einer Zeit, wie wir sie verstehen. Das bedeutet nicht, dass Raum und Zeit an sich gar nicht existieren würden. Vielmehr sind sie ungeheuer mehr komplex und miteinander verwoben als alles, was uns vertraut ist - auch die Art und Weise, wie sie miteinander agieren. Stellen Sie sich vor, was unsere gewohnte „Raum und Zeit" Auffassung mit dem Lesen dieses Buches zu tun hat. Wir lesen es in einer vorgeschriebenen Art und Weise. Wir konzentrieren uns auf die gedruckten Symbole und lesen von links nach rechts und von oben nach unten.

Im Blinzel-Raum gäbe es unzählige Möglichkeiten der Art und Weise, ein und dasselbe Buch „zu erfahren". Man könnte es mit vollem Verständnis Wort für Wort, von links nach rechts, von oben nach unten lesen. Alternativ könnte man das Buch auch Absatz für Absatz von rechts nach links lesen, von unten nach oben oder Seite für Seite, die mit jeweils einem Blick erfasst wird. Es könnte von der Mitte aus mit zunehmendem Verständnis gelesen werden, oder man bräuchte es nur mit seinem Geist zu berühren, um es als Ganzes in einem einzigen Moment zu erfassen und zu verstehen. Es könnte auch so gelesen werden, dass man seinen emotionalen Gehalt aufnimmt: alle traurigen Szenen könnten als erste absorbiert werden, dann die neutralen und zum Schluss die freudigen. Oder man könnte es nach den Orten des Geschehens gruppiert lesen: zuerst alle Szenen, die auf der Straße stattfinden, sodann gefolgt von denen, die innerhalb eines Hauses stattfinden. Man könnte es lesen und erfassen durch das Gewebe jeder Buchseite, oder mittels der Moleküle der Druckfarben, oder... - denken Sie sich weitere Möglichkeiten aus. Es gäbe so viele Möglichkeiten, das Buch zu lesen, wie es Punkte im Freien Raum gibt.

Ganz ähnlich ist es auch mit der Wahrnehmung von Zeit und Raum im Blinzel-Raum. Auch sie können auf sehr unterschiedliche Art und Weise erfahren werden und sind in Bezug auf ihre Art und ihre Ausmaße von einer solchen Komplexität, dass einem physischen Verstand davon schwindlig wird, weil sie über die gewohnten drei Dimensionen hinausgehen. Wenn ich im Folgenden die Worte RAUM und ZEIT groß schreibe, dann weist dies darauf hin, dass ich damit Bezug nehme auf die Wahrnehmung von Raum und Zeit aus der Perspektive dieser nicht-physischen Ebene, verglichen mit der normalen Schreibweise für Raum und Zeit, die sich auf unsere gewohnte physikalische, erdgebundene Definition bezieht.

Innerhalb von RAUM und ZEIT gibt es eine Vielfalt von Wahlmöglichkeiten, wenn wir den Fokus in gewohnter Wahrnehmung von Raum und Zeit ausrichten. Unser Verständnis und unsere Erfahrung mit Raum und Zeit kann man dabei als einen einzigen Strang von vielen Möglichkeiten, als eine Unterordnung des Gesamtphänomens von RAUM und ZEIT verstehen.

Obwohl die Wahlmöglichkeiten im Umfeld dessen, was ich den Blinzel-Raum nenne, von der Warte des physischen Verstandes aus chaotisch und überwältigend scheinen mögen, ist doch jede Entscheidung, einen ganz gewissen Wahrnehmungsweg zu verfolgen, einfach zu bewerkstelligen, so einfach, wie die Entscheidungen selbst zu treffen. Das Bewusstsein ist innerhalb des Blinzel-Raums so erweitert, dass es eine radikale und anstrengungslose Wahrnehmungsplattform bietet, eingeschlossenen das Gewahrsein der komplexen und auf vielen Ebenen angeordneten Muster und Strukturen.

Im Kontext dessen, was wir als erweiterte Raum/Zeit und erweitertes Bewusstsein beschreiben, eröffnen diese eben erwähnten Muster und Strukturen das Potenzial für ein volles Gewahrsein dessen, was wir im physischen Leben als Vergangenheit und Zukunft erfahren. Auch simultan auftretende Erfahrungen gehören zur Grundausstattung dieser Seinsebene und stellen keine Widersprüche dar. Ein Beispiel: ich komme irgendwo auf einem Flughafen an. So, wie wir im physischen Umfeld Zeit verstehen, kann ich mich ja zur gleichen Zeit, in der ich mein Mobiltelefon benutze, durch den Raum bewegen. Während ich also gleichzeitig laufe und spreche, kann ich mich auch noch an der Nase kratzen, vermeiden, mit jemandem zusammen zu stoßen, lesend den Wegweisern folgen, die mich zur Gepäckausgabe führen - und zusätzlich kann ich mir auch noch im Hinterkopf bereits Gedanken darüber machen, wie es wohl um die Verkehrssituation auf dem Heimweg bestellt sein mag.

In ganz ähnlicher Weise bin ich im Status eines erweiterten Bewusstseins in der Lage, simultan einerseits eine Körperwahrnehmung zu haben, die zu der progressiven physischen Erfahrung gehört, in einem Fahrzeug zu sitzen, das nach der Explosion eines Sprengsatzes langsam ausgerollt - und andererseits gleichzeitig völlig unerschrocken auf einer Bühne zu stehen. Ein Phänomen, das mit allen möglichen anderen, multiprogressiven Erfahrungen verbunden ist. Ich bin also gleichzeitig *außerhalb* von beiden Erfahrungsschwerpunkten, weil ich sie ja von außen beobachten und wahrnehmen kann, und simultan dazu erfahre ich auch noch andere Dimensionen, die ich hier nicht beschreibe.

Ich kann also jedes dieser ICHE beobachten und sie gleichzeitig von außen nach innen und von innen nach außen wahrnehmen. Ich bin in der Lage, sie vom Inneren der Zellen aus zu verstehen, innerhalb ihrer Energien, innerhalb ihrer (meiner) Wahrnehmungsmechanismen, rückwärtsgewandt von mehreren Formen der Zukunft aus, vorwärtsgewandt von mehreren Formen der Vergangenheit aus oder von jedem anderen einer unendlichen Anzahl von Fokuspunkten aus. Da Zeit und Raum multidimensional sind, bin ich es auch. Ich bin imstande, von- und innerhalb jeder und aller dieser Standpunkte aus simultan Dinge wahrzunehmen und dies in einem variablen Ausmaß an Gewahrsein – wie die Entscheidung, welchen Schwerpunkt ich setze. Und all diese Wahrnehmungen haben einen Sinn. In diesem Moment nicht für meinen physischen, linearen und logischen Verstand, sondern intuitiv und von innen heraus im Rahmen meines erweiterten Bewusstseins.

Ein weiterer Aspekt in Bezug auf die Erweiterung der Wahrnehmung, die im Blinzel-Raum möglich ist, ist ein Gewahrsein der Energien, inert und aktiv, die im Raum *zwischen* den Gedanken zur Verfügung stehen. Offensichtlich legt die Vorstellung, dass es überhaupt zwischen den Gedanken einen Raum geben könne, gleichzeitig nahe, dass Gedanken auch eine Form haben könnten. Man hat uns beigebracht, dass Gedanken eine Privatangelegenheit sind, dass sie keine Substanz haben und keine Macht, solange sie nicht eine physische Aktion in die Wirklichkeit holt. Im Blinzel-Raum jedoch versteht man Gedanken ganz klar als eine Kraft, eine Macht in sich selbst. Gedanken existieren auf einer gewissen Ebene als *Energie mit einem möglichen Effekt*, solange sie keine wahrnehmbare Form annehmen. Sie nehmen erst- und nur dann Form an, wenn dies beabsichtigt ist. Es kann keine Form in irgendeiner Art geben ohne eine Gedankenenergie, die sie ins Leben ruft.

Die Macht eines Gedankens ist nicht beschränkt auf das Umfeld, aus dem es stammt; der Gedanke durchdringt verschiedene Schwingungsebenen und Dimensionen. Ein Gefühl sagt mir, dass Gedanken auch Energien nutzen, die *zwischen und innerhalb* aller Gedanken existieren und dort zur Verfügung stehen, um diese Kraft selbst zu aktivieren und/oder zu verändern, abhängig von der Absicht dessen, der sie verursacht.

Als Konzept ist die „Zwischenenergie" (im Original: *the „ener-gy between"*) etwas, das ich nur als ein *Potential* beschreiben kann: gleichzeitig existiert es - und existiert doch nicht. Es tut mir leid, ich weiß, das macht keinen logischen Sinn. Vielleicht ist es hilfreich, wenn wir an dieses Phänomen denken wie an den Osterhasen, den es gleichzeitig gibt - und doch nicht gibt. Diese Zwischenräume kann man nur auf eine Art und Weise verstehen und nutzen, die wir in unserer physischen Existenz aufgrund unserer Glaubenssysteme nicht verstehen können, genauso wie wir den Osterhasen annehmen oder ablehnen, abhängig von unserem jeweiligen Glaubenssystem in Bezug auf Ostern, Hasen, Eier, Jesus, Süßigkeiten, Frühling, Kinder, Auferstehung oder versteckte Objekte... (und dann denken die Menschen, nur das paranormale sei seltsam...)

Wenn wir noch etwas bei dem Osterhasenbeispiel bleiben (ich werde das vielleicht noch bereuen), dann stellen Sie sich jetzt einmal all die Zwischen-Räume zwischen all den Gegenständen vor, die beim Ostereiersuchen eine Rolle spielen: die Räume zwischen den Eiern, der Couch, Tischen, Teppichen, der Zimmerdecke (wir befinden uns innerhalb eines Hauses, im Falle, dass Sie das nicht mitbekommen haben sollten), dem Kamin (nur in nördlichen Breiten), Vorhängen, Wänden und Fenstern. Stellen Sie sich vor, dass all der Raum, der nicht von diesen Objekten in Anspruch genommen wird, aktive Energie enthält - oder *ist*. Stellen Sie sich vor, dass diese Energie nötig ist, um den physischen Aspekt der Stühle, Vorhänge, Wände und Fenster in ihren anscheinend soliden Formen festzuhalten. Tatsächlich weiß man ja auf der Ebene der Quantenphysik, dass der Raum mit Energie gefüllt ist. Die Partikel, die unsere anscheinend solide Realität formen, werden zusammengehalten durch Energie. (Tatsächlich ist es so, dass auch diese Partikel reine Energie sein mögen, die uns nur in fester Form zu existieren scheinen - aber lassen Sie uns das für diesen Moment einmal ignorieren). Diese Energie *zwischen* den Dingen ist eine Illustration und vielleicht eine untergeordnete Erscheinungsform derjenigen Energie, die ich in den *Zwischen-Räumen* innerhalb des Blinzel-Raumes wahrgenommen habe.

Um mit dieser Analogie fortzufahren stellen wir uns jetzt vor, dass der Raum zwischen den Molekülen, die das anscheinend solide Objekt bilden, hinter denen das Osterei versteckt ist, Energie enthält, die von unserem Geist genauso leicht und einfach genutzt werden könnte, so wie wir einen Korb benutzen, um die Ostereier zu sammeln. Jeder Gedanke könnte selbst eine bewusst eingesetzte Kraft werden, die sich die Energien des Zwischenraums zunutze macht, um alle möglichen Muster oder Programme zu manifestieren oder zu schaffen, die in diesem Gedanken latent enthalten sind.

Ich habe wahrgenommen, dass diese *Zwischen*-Energie im Blinzel-Raum und auch in unserem eigenen Umfeld genutzt wird - doch ohne dass wir dies bewusst verstehen. Wenn wir akzeptieren, dass wir die gleichen Energien hier in unserem physikalischen Umfeld benutzen, dann könnten sich unsere Konzepte von dem, was Realität ist, total verändern. Wenn wir wüssten, wie man diese Energien in unserer physischen Welt bewusst einsetzen und kontrollieren könnte, dann könnten auch die Verbindungen zwischen Partikeln unserem Willen entsprechend verändert und manipuliert werden. Die Verbindungen könnten z.B. abgeschwächt werden, was dazu führen würde, dass ein Molekül auseinanderläuft oder sich verbiegt - die Verbindung von Millionen von Molekülen, aus denen ein Ei besteht, könnten aufgeweicht werden, so dass das Ei so flexibel würde wie warmer Fensterkitt. Jeder von uns könnte ein Uri Geller sein, der nach Gutdünken Löffel verbiegt. Alternativ könnten die Molekülverbindungen auch durch reine Gedankenkraft neu organisiert werden, so dass sie am Ende einen Tisch, ein Pony, einen Polizisten oder einen Osterhasen bilden. Sie könnten so angeordnet werden, dass sie unsere eigenen Körper reparieren. Es wäre durchaus möglich, dass wir Ostereier suchen, nicht indem wir unsere physischen Körper in Bewegung setzen, sondern indem wir unseren Aufmerksamkeitsschwerpunkt auf unterschiedliche Orte innerhalb des Raumes lenken. Wir könnten auch ein Ei hinter jedem beliebigen Objekt neu erschaffen, indem wir ganz einfach die Form des Eis in die Existenz denken.

Ich meine verstanden zu haben, dass wir diese Energien bereits benutzen, jedoch ohne dass wir uns dessen völlig bewusst sind. Im Blinzel-Raum werden ein weites Spektrum von Energien, die uns alle vertraut sind, die wir jedoch nicht richtig verstanden haben, so selbstverständlich eingesetzt, wie wir unseren Osterhasen. Solange wir den Raum nicht verstanden haben, der zwischen dem existiert, was wir zurzeit noch als physikalisch real ansehen und Gedanken nicht als eine Energie verstehen, die imstande sind, einen Effekt zu erzeugen, so lange sind wir nicht in der Lage, diese Energien als kreative Ressourcen für bewusst gewählte Zwecke in unserem physischen Leben in vollem Umfang zu nutzen.

Verlassen wir jetzt den Osterhasen (wird auch Zeit) und die Schwindel erregenden Potenziale von Gedanken als der Urform der *Schöpfungskraft* - und gehen wir der Frage nach, *wo* denn eigentlich dieser Ort, dieses Umfeld ist, das ich erfahren habe?

Der Blinzel-Raum ist weniger ein physikalisch greifbarer Ort als vielmehr eine Intensität, eine Frequenz oder eine Dimension. Er ist spezifisch zu verorten - aber ist nicht ein Teil des Raumes, so wie wir ihn zurzeit definieren. Mehr, als sich separat über oder unter unserem physikalischen Raum zu befinden könnte ich sagen, dass er sich neben uns, in uns oder *irgendwo dazwischen* befindet (dieses schreckliche Konzept schon wieder) und nenne ihn deshalb ko-verortet (im Original: *co-located*), denn das scheint mir zutreffender zu sein. Er berührt und hat Zugang zu anderen spezifischen Realitäten, obwohl er in diesen nicht unbedingt einen bestimmten Effekt ausübt. Denken Sie einmal an Radiofrequenzen, die im selben Raum nebeneinander und miteinander existieren und sich normalerweise gegenseitig nicht stören oder behindern.

Als eine Schwingungsebene erscheint dieser Blinzel-Raum unendlich, doch sind seine Grenzen innerhalb einer Bandbreite von Schwingungsfrequenzen offensichtlich definiert. Ich meine das so verstanden zu haben, dass innerhalb einer Frequenz Unendlichkeit möglich ist obwohl diese Frequenz keinen Zugang zu jedem nur möglichen Potenzial innerhalb *jeder anderen* Frequenz bietet. Die Schwingungsfrequenz, in der ich die tiefe Heilung und Erholung erlebte, bietet zum Beispiel eine ganz besondere, separate Unendlichkeit. Einige dieser Potenziale sind absolut einzigartig und stehen für sich, während andere mit dem Blinzel-Raum geteilt werden. Beide enthalten sie unendliches Potential, aber nicht notwendigerweise das des jeweils anderen.

Jede andere Frequenz oder Dimension kann nicht direkt von der Frequenz des Blinzel-Raums aus betreten werden, oder aus der Frequenz der tiefen Heilung, die ich ja auch dort erfahren hatte. Jede Dimension bietet Zugang zu verschiedenen anderen Dimensionen, aber keine bietet Zugang zu allen anderen. Ich stelle mir eine Art von Gitterzaun vor, oder ein komplexes Netzwerk von Verbindungen - immer mit dem Wissen, dass all diese Visualisierungen nur Analogien sind, weil die Wirklichkeit aus so dicht übereinander gelagerten Ebenen besteht, dass sie für meinen logischen Verstand unverständlich sind. Wenn wir davon ausgehen, dass es unendlich viele Frequenzen gibt, dann ist das Netzwerk in sich beweglich, kinetisch, obwohl einige Merkmale darin unveränderlich bleiben. Das ist so gemeint: wenn eine Persönlichkeit oder ein Bewusstsein erst einmal mit einer spezifischen Schwingung identifiziert werden kann, dann kann sie auch in diesem Status immer wiedergefunden werden.

Der Blinzel-Raum hat, wie jede andere Schwingungsrealität, feste Regeln für die Energie, die die betreffenden Erfahrungsstrukturen definiert - und diese Regeln sind kooperative Vereinbarungen. Persönlichkeiten oder Wesen, die darin existieren oder partizipieren sind sich dieser Regeln bewusst. Auf freiwilliger Basis schaffen sie diese, halten sie aufrecht und operieren in dem jeweiligen Rahmen ganz so, wie wir das in unserer physischen Welt auch machen. Die Konzentration auf Ziele und Absichten, die im Grunde ja *Gedankenenergie* ist, fixiert die Gesetze jenes Universums immer fester in dem Maße, wie sich in dem betreffenden Umfeld Erfahrungen ansammeln. Und doch gibt es kein Gesetz, das nicht gebrochen werden könnte; das Gesetz ist nur eine Richtlinie für Erfahrungen, die man mit anderen teilt, und für die immer weiter expandierende Erforschung des Potenzials kreativer Kraft.

Da wir uns der Gesetze, in deren Rahmen wir innerhalb der physischen Dimensionen zu existieren zugestimmt haben, nicht voll bewusst sind - ganz gleich, ob wir von natürlichen oder kulturellen Kräften sprechen - sind wir nicht in der Lage, sie in einem äquivalenten Maße für uns bewusst nutzbar zu machen. Durch eine konstante und anstrengungslose Bewusstheit der Spielregeln und der Komplexität der Strukturen, die ihnen zu Grunde liegen, können die Persönlichkeiten, die innerhalb des Blinzel-Raums operieren, diese Energien in größerem Ausmaß vorsätzlich und kreativ nutzen. Ein Beispiel: wenn wir auf unserer Ebene Elektrizität nutzen wollen, dann müssen wir zuerst einiges über das Potential, über die herrschenden Grenzen und Eigenschaften wissen, um nach unserem Willen Elektrizität zu erzeugen und um beherrschen zu können, was wir da in die Welt setzen.

Das Wahrnehmen der eigenen Bewusstheit ist innerhalb des Blinzel-Raums ganz offensichtlich erheblich umfangreicher als das, was wir gewohnt sind und auf unserer eigenen Ebene als *normal* zu bezeichnen. Durch Glaubenssätze und -systeme haben die aktuell existierenden Kulturen die generelle Wahrnehmung von Energiesystemen und der Natur eines erweiterten Bewusstseins begrenzt, oder es wurden solche Zustände durch verschiedenste Praktiken ritualisiert. Im Blinzel-Raum ist das erweiterte Bewusstsein von all solchen Einschränkungen und Begrenzung frei.

Unsere Wahrnehmungen werden geformt durch das, was wir *glauben,* dass es real ist und in unserer physischen Welt im Bereich des Möglichen liegt. Im Blinzel-Raum ist man sich all der Dimensionen, die wir für wirklich halten, voll bewusst – und auch der Myriaden weiterer Wirklichkeiten, die wir von unserer momentanen Perspektive unserer physischen Realität aus nicht unbedingt für realistisch und wirklich halten: die Traumlandschaften, die wir jede Nacht besuchen und die Orte, zu denen wir in unseren Tagträumen und Phantasien driften. Oder die Leerräume verlorener Momente, wenn wir uns nicht erinnern können, was wir einen Moment vorher noch zu tun beabsichtigten. Oder die verlorene Zeit, die wir plötzlich bemerken, wenn wir Auto fahren und uns bewusst wird: *Shit – ich erinnere gar nichts, was zwischen dem Büro und dem Jetzt war!*

Diese Erfahrungen sind kein Gedanken-Müll, sondern kleine Kostproben eines erweiterten Bewusstseins. Wir schlüpfen durch die Maschen von Zeit und Raum, so, wie wir sie verstehen und besuchen kurz den Zwischen-Raum. Wenn wir sofort wieder vergessen, wo wir gerade waren oder was wir in diesen

Filmriss-Momenten erlebt haben, scheint eine Funktion des bewussten Verstandes am Werk zu sein, der zensiert, was nicht in sein Konzept der Realität passt. Es ist das Äquivalent meiner Fähigkeit, Weißrobenwesen in Tiere umzuwandeln.

Wenn unser bewusster Geist die Substanz dieser „verlorenen Momente" akzeptieren müsste, dann wären unsere sorgfältig konstruierten Grundüberzeugungen über die Funktionsweise dieser Welt wahrscheinlich bedroht. *Alles* müsste sich dann verändern: Grundannahmen über das, was möglich, was richtig oder falsch ist, was gut oder böse, wer für was verantwortlich, was wirklich ist und was nicht, was von Bedeutung und was nicht, wie sich die Zeit bewegt, wie der Raum aufgebaut ist, wie wir uns durch unsere Umgebung bewegen, wie wir geboren werden, wie wir sterben, wo wir herkommen, wer wir sind...

STOP – denken Sie sich jetzt erst einmal einige Beispiele für all diese Fragen aus. Und dann weitere. *Alles* - das sind eine ganze Menge Dinge. Ja - Veränderungen können Angst machen.

(Oder ist es *das Vorausahnen* von Veränderungen, was uns Angst macht?)

Solch eine Veränderung ist aber kein Muss! Wir agieren innerhalb dieses physischen Universums, so, wie es zurzeit verstanden wird, aus bedeutsamen Gründen. Die gegenwärtigen Begrenzungen, die wir so bestimmt haben, beruhen ja auf einer Wahlmöglichkeit. Und auch die Entscheidung, ob wir uns im Rahmen dieses Universums verändern und wie wir das machen und uns weiterentwickeln, beruht auf einer bewusst getroffenen Wahl und Entscheidung.

Das Gewahrsein im Blinzel-Raum geht davon aus, dass unser Bewusstsein unser unendliches Selbst ist und dass dieses Bewusstsein viel mehr ist als das, was wir erfahren, gebrauchen oder innerhalb der physischen Ebene wahrnehmen. Der Körper und die gesamte physische Welt um uns herum ist absolut real - ist aber nicht die Gesamtheit der Realität des Selbst. Es ist *nicht mehr und nicht weniger* real als die Orte, die man im Traumzustand erlebt oder die Orte im Zwischen-Raum, dem Raum zwischen einigen Zeitmomenten, zu denen wir gehen. Man hat uns beigebracht, uns zu konzentrieren, und in einigen Fällen haben wir auch zugestimmt, den Schwerpunkt unserer Aufmerksamkeit auf ein schmales Band von Erfahrungen zu begrenzen, die nur bewiesen werden durch die fünf physischen Sinne. Der komische Aspekt dabei ist die Implikation, dass alles das, was wir nicht durch das mechanische System unserer physischen Körper erfahren, in unserer Wirklichkeit nicht existiert.

Wir legen damit unser eigenes Paradox fest: denn wenn wir diese Grundüberzeugung logisch weiterführen, dann existiert all das nicht, was aktuell außerhalb der Reichweite meiner direkten sensorischen Erfahrung liegt. Wenn ich etwas nicht sehen kann, nicht fühlen, nicht schmecken nicht riechen oder nicht hören - dann existiert es auch nicht. Nur durch die Tatsache allein, dass ich zu dieser Erfahrung zurückkommen kann, wenn ich mich wieder darauf konzentriere, wird nichts bewiesen. Ich kehre häufig in meinen Träumen an gewisse Orte zurück - und gleichzeitig sagt man mir, dass Träume nicht real sind und diese Orte, die ich in meinem Traum besuchte, eine Erfindung meiner Vorstellungskraft sind. Wenn das Ladengeschäft, in dem ich gestern eingekauft habe und dass ich morgen wieder aufsuchen will real ist, dann kann dies auch der Traum-Ort sein, den ich nachts häufig aufsuche.

In der esoterischen und spirituellen Literatur wird diese Schlussfolgerung häufig umgedreht, indem man dieses physische Leben als einen Traum, als eine Illusion darstellt. Zwei Wege, um ein und dieselbe Realität darzustellen, fokussieren die Aufmerksamkeit auf zwei unterschiedliche Ausgangspunkte: Der erste ist: *Alles ist wirklich.* Dies verfestigt und bestätigt jede Art von Erfahrung - sowohl das, was mein physisches Selbst erfährt als auch die erweiterten Realitäten, die mein Bewusstsein erforscht. Dies nutzt mir insofern, als es mir hilft, das erweiterte Bewusstsein in das physische Bewusstsein zu integrieren, also das zu mischen, was mein logischer und linearer Verstand häufig in zwei getrennte Welten aufteilt. Dies mag ein ganz nützliches kleines Mantra sein, wenn man versucht, vorsätzlich eine Außerkörperlichkeitserfahrung herbeizuführen oder wenn man lernen will, wie man Löffel biegt. Es mag dabei helfen, dem bewussten Verstand beizubringen, dass das Paranormale normal ist.

Die andere Einstellung, *Alles ist Illusion,* kann hilfreich sein, die gleichen Barrieren niederzureißen, indem man von der anderen Seite zu seinen Glaubensüberzeugungen kommt. Wenn ich sage: *Alles ist eine Illusion*, dann ermutigt mich das, mich von der physischen Realität zu lösen, indem ich mir selbst suggeriere, dass etwas, das ich als unangenehm erlebe, nur ein vorübergehender Zustand ist, eingebettet in etwas anderes, etwas viel Größeres und Bedeutsameres. Diese Einstellung könnte ganz hilfreich sein in Situationen, in denen man Grundeinstellungen und -überzeugungen daraufhin überprüfen muss, was zum Beispiel eigentlich Gut und Böse definiert - oder richtig oder falsch.

Dieses Konzept auf beide Arten auszudrücken, kann eine überraschende Übung werden, um mein Bewusstsein zu erweitern und um einiges von der Programmierung abzubauen, die mich dazu gebracht hat, dem zu misstrauen, was ich instinktiv weiß.

Andere Charakteristika und Implikationen des Blinzel-Raums kann ich leichter erläutern, wenn ich zuvor weitere Aspekte meiner Erfahrung beschreibe. Ich will deshalb in das nächste

Kapitel übergehen, in dem ich auf die Teile meines Berichtes ausführlicher eingehe, in denen es um die Wesen und Persönlichkeiten geht, die ich in meiner Außerkörperlichkeitserfahrung angetroffen habe.

3. WESEN UND PERSÖNLICHKEITEN -
IHRE INTERAKTIONEN UND FUNKTIONEN

Die Wesenheiten waren zwar eigentlich nicht-physisch, nahmen jedoch Form an, wenn sie dies für einen bestimmten Zweck geeignet fanden. Und ich nahm ihre Erscheinungsform auf jeweils die Art und Weise wahr, wie ich sie gerade für meine Ziele bevorzugte. Zu jener Zeit, in der ich so abrupt von der physischen Ebene getrennt wurde, war es für mich einfacher, sie in menschlicher Form wahrzunehmen, gekleidet in leuchtend weiße Roben.

Die meisten dieser Tausende von Wesen waren mir bekannt und vertraut, und alle standen mit mir auf gleicher Stufe, ungeachtet ihrer Bewunderung für meine letzte, törichte Errungenschaft auf Erden (wie wagemutig ist es denn in Wahrheit, wenn man sich dazu entscheidet, in die Luft gesprengt zu werden?). Ich wusste, dass diese Versammlung ein Zusammenkommen von vielen Gruppen war, die eine große Spannweite von Interessen und Verantwortlichkeiten repräsentierten, die nicht nur Energien zuzuordnen waren, die direkt mit der Erde und dem physikalischen Universum zu tun hatten, sondern auch mit Dimensionen und Themen, die darüber hinaus gingen.

Ich stoße hier auf ein Problem, wenn ich diesen Teil meines Berichtes weiter ausführen möchte. Und zwar geht es darum, ein Wort zu finden, das die Individuen in dieser Versammlung angemessen beschreibt oder porträtiert. Wenn ich sie "*Geister*" (im Original: *spirits*) nenne, dann könnte dies passen, wenn das Wort nur nicht sogleich religiöse Assoziationen mitschwingen lassen würde, dass es sich dabei um engelgleiche Wesen handelt

47

oder eine Art durchsichtiger, feinstofflich ätherischer und gespenstisch menschlicher Form heraufbeschwören würde. Aber leider bewirkt das Wort "*Geist*" genau das. Eine *Entität* (im Original: *entity*), also ein Dasein, etwas Seiendes, hingegen hat für mich einen digitalen Klang, roboterhaft und kühl. *Wesen* (im Original: *beings*) ist zwar zutreffend, aber so allgemein, dass das Wort (im Englischen Sprachgebrauch, AdÜ) fast bedeutungslos geworden ist und oft eine warmherzige Gedankenverbindung zu einer individuellen Lebendigkeit vermissen lässt. Ich habe also das Wort *Persönlichkeiten* (im Original: *personalities*) dafür eingeführt, denn dieses Wort kommt meinen Gefühlen über sie am nahesten - es ist vielleicht das Beste, was ich machen kann, wenn man die Begrenztheit unserer Sprache berücksichtigt. Die Semantik spielt hier eine Rolle, denn ein entsprechendes Verständnis für die Tiefen jeder Persönlichkeit scheint von ihr abzuhängen. Um sie durch unsere Sprache zutreffend lebendig werden zu lassen, wäre es am natürlichsten, wenn ich sie einfach *Leute* (im Original: *people*) oder *Freunde* nennen würde. Dies würde jedoch auch wieder ein Rätsel aufwerfen, denn es fehlt ihnen ja ein fundamentaler Faktor, um diesen Definitionen zu genügen: der vertraute aktuelle Fokus auf unsere physische Wirklichkeit. Da mir nichts Besseres einfällt, bleibe ich also bei den Begriffen *Persönlichkeiten* oder *Wesen* (also doch) und werde versuchen, ihnen durch meine weiteren Ausführungen und Beschreibungen etwas mehr Gestalt zu geben.

Wie ich schon beschrieben habe, wurde ich mir, als ich dort auf der Plattform stand, also dieser mich umgebenden Wesen in ihren weißen Roben gewahr. Ich nahm sie auch wahr als Energien, als Lichtpunkte oder als Monster, so, wie es mir gerade beliebte: es waren alles Betrachtungsmöglichkeiten, die dieses Umfeld mir bot. Doch ich nahm jeden von ihnen auch als Individuum wahr. Wenn ich meine visuelle Wahrnehmung von ihnen verändere, dann erlaubt mir dies jedoch nicht, die Unmittelbarkeit ihrer Präsenz oder Individualität zu verändern oder einzuschränken. Für mich sind sie so real wie meine eigene Hand.

Ihre schiere Anzahl ist für mein Bewusstsein überwältigend - und doch bin ich imstande, jedes von ihnen als Einzelwesen wahrzunehmen und in vollem Umfang die Persönlichkeit des betreffenden Individuums zu erkennen. Dabei kann ich simultan und unmittelbar auch jede andere Persönlichkeit dieser Tausende als einzigartige Individuen wahrnehmen und erkennen. Dieses simultane Erleben der Anwesenden scheint aus dem Blickwinkel des physischen Bewusstseins heraus wie ein weiteres unsinniges Konzept. Es ist einfach zu komplex, um es zu verstehen. Man könnte sich vorstellen, in einem Raum zu sein, der voller Freunde ist - vielleicht ein Hochzeitsempfang oder eine große Geburtstagsfeier. Während sie einem Freund zuhören, der gerade eine Geschichte erzählt, stellen Sie sich vor, dass sie gleichzeitig alle anderen Freunde in diesem Zimmer wahrnehmen und auch die Stimmung, die durch die Kombination dieser einzelnen Personen erzeugt wurde. Wenn sie ihre Blicke durch den Raum schweifen lassen, dann erkennen Sie unmittelbar jede Person und sind sich der Einzigartigkeit jedes Anwesenden bewusst, während Sie noch immer ihrem Freund zuhören. Gleichzeitig spürt man auch die generelle Stimmung in dieser Versammlung: die könnte gespannt sein; unsicher, aber freundlich; still zufrieden; fröhlich und lebendig; offen und voller Freude oder - man stelle sich vor - übermütig, so als ob alle betrunken wären.

Im Blinzel-Raum ist dieses simultane Wahrnehmen des sprechenden Freundes *und* aller Freunde im Raum *und* der generellen Stimmung einfach so erweitert, dass man die Fähigkeit hat, sich auf *unzählige* Einzelpunkte gleichzeitig und mit *vollem* Bewusstsein zu konzentrieren.

Damit vergleichbar hat das Erkennen der Persönlichkeiten, indem man die Energiegestalt des einzelnen Individuums "liest", ein Pendant in Form der physischen Erfahrung, obwohl diese im Blinzel-Raum immens erweitert ist. Überlegen Sie: Waren Sie schon mal in der Situation, dass sie an einen Freund gedacht haben, sich aber aus unerfindlichen Gründen nicht an seinen Namen erinnern konnten? Wie konnten Sie trotzdem wissen, an wen sie gerade dachten? Vielleicht haben Sie ein visuelles Bild dieser Person erdacht und in Begleitung dieses Bildes formte sich dann bei Ihnen die Gestalt oder ein totales Gewahrsein dieses Menschen. Das *Gefühl* für diese umfassende Wahrnehmung mag sich über Jahre hinweg oder auch nur in wenigen Momenten eingestellt haben, zusammengesetzt aus physischen Daten, Erinnerungen an gemeinsame Erfahrungen, eigenen Einstellungen und Bewertungen in Bezug auf die Charakteristika dieser Person. All diese Details werden integriert in eine Gesamtvorstellung oder in ein wahrgenommenes *Ganzes*, eine Vorstellungseinheit, die diese Person als einzigartiges Individuum beschreibt.

Obwohl Sie vielleicht niemals mit einem dieser Freunde eine wirklich ungewöhnliche Situation durchlebt haben - zum Beispiel durch eine Sprengfalle verletzt worden zu sein - könnten Sie sich vielleicht trotzdem vorstellen, wie dieser Freund reagiert haben würde. Ihre Schlussfolgerung haben Sie aus Erinnerungen an eine Reihe von Erfahrungen mit diesem Freund zusammengesetzt - und doch gingen Sie dabei nicht bewusst und vorsätzlich jede Einzelinformation durch, die Sie über ihn gespeichert haben, um zu diesem Ergebnis zu kommen. Sie haben unmittelbar eine Gestalt vor Augen, eine Gesamtvorstellung, die diesen Freund repräsentiert, in die Sie eintauchen können und die Sie augenblicklich zu einem Ergebnis führt.

In der physischen Welt ist es doch anscheinend so, dass wir Daten sammeln, die sodann unsere Vorstellung der Gestalt eines Individuums anhand von Erfahrungen formen, die sich im Laufe der Zeit eingestellt haben. Im Blinzel-Raum steht diese Gestalt unmittelbar zur Verfügung. Setzen wir voraus, dass Zeit (hier nicht im Sinne von Zeit im Rahmen der physikalischen Realität) multidimensional ist, dann ergibt sich daraus, dass die Gesamtvorstellung von einem Individuum nicht durch eine Aneinanderreihung einzelner Sequenzen aus einer linearen Erfahrung von Raum und Zeit zusammengesammelt werden muss. Es existiert ja das Selbst dieser Persönlichkeit vollständig, in einer Unendlichkeit von Raum und Zeit, und kann deshalb in seiner Ganzheit unmittelbar erfahren werden.

Wenn ich sage, dass die Persönlichkeiten, um die es hier geht, *komplett* im Sinne von *unmittelbar vollständig* sind, dann meine ich damit nicht, dass sie statisch, fertig oder unveränderbar sind. Vielmehr sind sie vollständig, indem sie in konstanter, kreativer Veränderung und Expansion begriffen sind. Nehmen wir einmal an, dass in unserer physischen Welt ein Name, den wir aussprechen, so verstanden wird, dass er die ganzheitliche, uns bekannte Gestalt einer Freundin als Individuum symbolisiert: nennen wir sie Frieda. Diesen Namen können wir uns vorstellen als das hörbare Symbol für einen umfassenden Gedankenblitz, eine Vorstellungseinheit oder ein Konzept, das für mich die Frieda identifiziert. Dieser Gedankenblitz ist zusammengesetzt aus unzähligen einzelnen Gedanken-bits - und ist doch simultan und umfassend nur ein Gedanke: Frieda!

Und obwohl Frieda sich ständig verändert und wächst, stetig neue Erfahrungen in ihrem Leben macht und ihrem Gedächtnis, ihrem Charakter und ihrem Bewusstsein - also ihrem ganzen „So-Sein" (im Original: *beingness*) Neues hinzufügt - so bleibt

sie doch - für mich immer wieder erkennbar - Frieda. Und obwohl auch ich mich ständig verändere und wachse, stetig neue
Erfahrungen in meinem Leben mache und Neues hinzufüge -
erkenne ich Frieda immer wieder.

Und genau so kann im Blinzel-Raum Frieda als Frieda erkannt
werden, ganz einfach, indem man die Energie ihres Selbst wahr-
nimmt, *erspürt* - und das ohne visuelle Signale bezüglich ihres
Aussehens oder auditive Wahrnehmung ihrer Stimme. Dieses
Frieda-Selbst ist unendlich umfangreicher als ein Frieda-
Konzept der physischen Welt.

In unserer Kultur gebrauchen wir den Ausdruck „sechster Sinn"
um eine Bandbreite von Erfahrungen zu bezeichnen, die eine
Ahnung davon geben können, was dieses *Erspüren* im Blinzel-
Raum bedeutet. Außersinnliche Wahrnehmung (ASW), Telepa-
thie und andere sogenannte „psychische Phänomene" scheinen
vielen Menschen innerhalb des Kontextes der physischen Welt
und der Mainstream-Glaubenssysteme nicht-normal (außergewöhnlich, extra-normal, para-normal), wobei diese doch auch in
unserem physischen Leben ganz offensichtlich in unterschiedli-
chem Maße angetroffen und benutzt werden – denn sonst gäbe
es ja wohl kaum Worte und Bezeichnungen dafür - und ganz
viele Beispiele dafür, dass solche Erfahrungen gemacht wurden.
Einige dieser Erfahrungen, die in die Rubrik *sechster Sinn* fallen, können zwar aufgrund eines hypersensitiven Fünf-Sinne-
Bewusst-Seins auf der Basis physischer Reize erfolgen. Doch
viele andere Erfahrungen werden ganz eindeutig nur aufgrund
einer Sensitivität gemacht, die die in unserer Kultur akzeptierten
Grenzen der physikalischen Mechanismen, mit denen wir sehen,
hören, riechen, schmecken, tasten, übersteigen. Den *sechsten
Sinn* können wir so verstehen, dass er nur ein Schatten von dem
ist, was im Blinzel-Raum als erheblich schärfere und gutentwi-
ckelte Sensitivität zur Verfügung steht.

Wie alles andere auch, so wird der Vorgang, augenblicklich Bekanntschaft zu schließen, im Blinzel-Raum durch reine Gedankenkraft initiiert und bedarf dazu der Zustimmung beider Seiten. Ist diese vereinbart, fühlt es sich so an, als ob ich die Ganzheit dieser anderen Persönlichkeit absorbiere, ohne dabei „einzudringen" oder übergriffig zu sein. Die ganz individuelle „Signatur" (im Original: *signature*) dieser Wesenheit ist danach auf einer energetischen Ebene sofort und für alle Zeiten wiedererkennbar, indem ich ganz einfach an sie denke, Wenn ich in mir *das Gefühl* für ihre Signatur aufkommen lasse, bin ich sofort wieder mit dieser Persönlichkeit verbunden.

In einigen Fällen kommt es vor, dass gewisse Informationsbereiche einer Persönlichkeit nicht in den Fokus des Gewahrseins kommen oder nicht „freigegeben" werden. Die Signatur bleibt dieselbe, es werden jedoch gewisse Details, die mit bestimmten Erfahrungen oder Informationen zu tun haben, von einer der bei der betreffenden Interaktion beteiligten Wesenheiten ausgeblendet oder in seiner Wichtigkeit herabgesetzt. Wenn ich dieses Phänomen mit Vorgängen auf unserer physischen Ebene vergleiche, dann habe ich dort vielleicht gute Gespräche mit Johannes über Kunst – aber nie über das Thema Auslandsreisen. Mit Jeanette hingegen ist es umgekehrt: keine Gespräche über Kunst, aber ausgedehnter Gedankenaustausch über Fernreisen.

Beide würden also meine Signatur unterschiedlich wahrnehmen, ohne dass eine(r) der beiden merkt, wie ich die Themenschwerpunkte setze, wenn ich mit ihnen spreche. Der Schwerpunkt der Interaktion mit jeder dieser Personen blendet also Persönlichkeitsanteile von mir aus, die gerade nicht interessieren. Im Blinzel-Raum verfügt man über ein Gewahrsein der Interessengebiete und der Kapazität des jeweiligen Empfängers – und umgekehrt. So kommt es also nur zum Austausch von ganz bestimmten Informationen, die jeweils angeboten werden.

All diese Tausende von Persönlichkeiten interagieren, indem sie einen Teil ihres Selbst nach außen fokussieren, der jedoch ihren Charakter ziemlich klar vermittelt: einige dieser Persönlichkeiten verhalten sich sehr sachlich, andere äußerst neugierig, wieder andere sind verspielt, schlagfertig, nüchtern oder gar jovial. Sie alle vermitteln jedoch den Eindruck völliger Akzeptanz, von großem Verständnis und Mitgefühl. Ich gebrauche das Wort Mitgefühl hier mit einer gewissen Zurückhaltung, da es Nuancen von Mitleid und Hierarchie enthält. Derjenige, der Mitgefühl anbietet, scheint immer irgendwie weiser oder lebenstüchtiger als derjenige, dem man Mitgefühl angedeihen lässt - oder hat einfach mehr Glück. Deshalb ist vielleicht ein neues Wort hier nötig und ich führe dafür den Begriff „Ko-Gefühl" (im Original: *co-passion*) ein. In unseren Interaktionen waren wir absolut gleichgestellt, ohne die Eintrübung durch Wettbewerb in irgendeiner der vielen möglichen Formen. Auch waren die Interaktionen immer geprägt durch ein absolutes Anerkennen einer Gleichrangigkeit sowohl im Gewahrsein als auch durch eine geteilte Leidenschaft (*passion*) für das Sein-an-sich.

Und diese absolute Anerkennung einer Gleichrangigkeit, sowohl im Gewahrsein als auch durch eine geteilte Leidenschaft für das Sein-an-sich, charakterisiert auch jede der Beschreibungen, die ich hier von meiner Erfahrung liefere.

Um näher auf die Interessen und Verantwortungsbereiche der Persönlichkeiten einzugehen, derer ich mir bewusst wurde, ist es hilfreich, die Grundüberzeugung noch einmal hervorzuheben, dass aus der Perspektive, die man in einem außerkörperlichen Zustand gewinnt, das Bewusstsein als das zentrale und ewige Sein angenommen werden muss – als das Selbst. Bewusstsein in unserer physikalisch definierten Welt ist ja mehr eine äußerst delikat ausbalancierte Hinwendung und ein Fokussieren auf das Ganze unseres Selbst in der jeweiligen Erfahrung. Das *Selbst in seiner Ganzheit* (Original: *Whole Self*) jedoch, so wie ich es hier anführe, ist sich simultan unzähliger anderer Welten, Möglichkeiten und Wahrscheinlichkeiten bewusst sowie seiner Erfahrungen im Rahmen dieser Schwingungsebenen oder im Rahmen der jeweiligen Schwerpunkte der Beobachtung. Die anderen Erfahrungen sind nicht anders als diejenigen, die wir in unserer physikalischen Welt erleben - alle Erfahrungen sind durch einen Informationsaustausch verbunden, ganz gleich, ob wir uns dessen in unserer physischen Bewusstheit gewahr sind - oder nicht.

Damit will ich nicht sagen, dass wir zwar individuelle und einzigartige Wesen auf dieser Erde sind, jedoch irgendwann durch dieses große, anonyme *Selbst in seiner Ganzheit* verschlungen werden und an irgendeinem Punkt die Einzigartigkeit unserer Persönlichkeit verlieren. Vielmehr sind wir ja auf dieser Erde individuelle und einzigartige Wesen, die in ihrer Einzigartigkeit und Individualität sogar viel expansiver sind als die meisten von uns sich das überhaupt vorstellen können. Wir sind viel mehr als unsere physischen Körper mit ihren begrenzten Verstandesgaben und dem Fokus unserer Aufmerksamkeit auf diese unsere physische Umwelt. Wir sind bereits dieses ganzheitliche Selbst, perfekt, vollständig und in steter Veränderung begriffen, obwohl wir uns nur eines ganz kleinen Teiles unserer Selbste bewusst sind.

Aus der Perspektive des Blinzel-Raums war es ziemlich offensichtlich, dass das Bewusstsein über eine spezielle Fertigkeit verfügen muss, um auf der Ebene der physikalischen Schwingungen, die wir zurzeit bewohnen, effektiv leben und handeln zu können - und nicht jedes Bewusstsein hat sich in diese Richtung fortentwickelt. Dass diese Entwicklung, von einem energetischen Standpunkt aus, nicht wirklich leicht ist, scheint ein Grund dafür zu sein, so widersprüchlich und paradox es auch scheinen mag, warum es so schwierig sein kann zu erinnern, wer wir als unser *Selbst in seiner Ganzheit* eigentlich sind, solange wir im physischen Bereich sind. Der entscheidende Punkt ist aber: *wir alle* teilen miteinander eine einzigartige Erfahrung, für die wir eine reale und erstaunliche Fertigkeit brauchen. Wir haben absolut keine Vorstellung davon, wie wunderbar und völlig cool wir in Wirklichkeit sind - und ich meine wirklich jede und jeden von uns - und wie absolut wunderbar und cool es ist, dass wir einen physischen Körper gebrauchen können und die Erfahrung unseres Lebens im Rahmen von Zeit und Raum wahrnehmen, so, wie wir das täglich machen.

Dies war ein Teil der Ursache, weshalb ich von der Versammlung so bewundert wurde. Was für mich ganz elementar und natürlich schien, nämlich mit einem Leben auf der Stufe einer physikalischen Realität vertraut zu sein, wurde von den anderen Anwesenden bei dieser Versammlung hoch anerkannt, denn aus deren Perspektive war dafür ein hohes Maß an ganz speziellen Fertigkeiten von Nöten.

Die Interessen und Verantwortungsbereiche der Persönlichkeiten bei dieser Versammlung berühren in gewisser Weise und in verschiedener Intensität auch die physische Ebene, die wir bewohnen, obwohl sie dort nicht ihren Schwerpunkt haben, denn sie erstrecken sich auch in andere Dimensionen und auf andere Schwingungsebenen.

Ich muss schon wieder abschweifen und etwas über die Begrenztheit unserer Sprache sagen, denn ich gebrauche den Begriff *Dimension* mit einer Art von Frust. Dieses Wort hat für mich so einen Beigeschmack von Science-Fiction und, so schwer das vielleicht für Sie zu glauben ist, ich mag die Mehrzahl aller Science-Fiction Bücher überhaupt nicht, auch keine entsprechenden Filme, Comics, Aufkleber und Kunstwerke - und was es sonst noch geben mag - und halte großen Abstand dazu. (Nicht ganz - ich mag den ersten der *Star-Wars* Filme, und als Kind waren die *Chroniken von Narnia* meine großen Favoriten.) Das Wort "Dimensionen" ist auch noch belastet durch die

Hippies und die New-Age Gruppen meiner Jugendzeit und löst in mir - was, wie ich weiß, sehr unfair von mir ist - eine Reihe von Assoziationen aus, und ich sehe dann Dinge wie die Verehrung von Kristallen und Edelsteinen, Dreadlocks, weiße Jungs, die trommeln, tiefgründige Tätowierungen, Selbstbezogenheitsdramen, den abgestandenen Geräuschvorhang synthetisierter Enya-Stücke und den völlig übertriebenen Einsatz von genug Patschuli, um eine Ratte zu ersticken. (Gemach: ich mag Enya, habe selbst Kristalle, besitze eine Trommel und habe schon mehr Selbstbezogenheitsdramen aufgeführt, als mir eigentlich zustanden - und werde dies auch weiterhin tun. Ich meine ja nur, und möchte nur sagen... OK, bitte lesen Sie die Einführung noch einmal!)

Trotz allem ist das Wort *Dimension* deshalb attraktiv, weil es – in einem einzigen Begriff – einen *Aspekt* von etwas bedeutet. In der Tat ist mein Verständnis der verschiedenen *Dimensionen* – oder Schwingungen oder Welten oder Schwerpunktebenen – des erweiterten Bewusstseins so, dass sie verschiedene Aspekte einer einzigen, allumfassenden Realität beschreiben. Diese *eine* Wirklichkeit umfasst alles *Sein* oder Bewusst-Sein. Es ist die endlose, mit unserem Wissen nicht begreifbare Unendlichkeit der Kreativität und das scheinbare Paradox einer unendlichen Anzahl einzigartiger Individuen, die alle simultan *ein einziges Ganzes* bilden. Diese allumfassende Verbindung existiert sowohl innerhalb von Allem, als auch durch sich selbst. Sie schafft und schöpft, wird gleichzeitig geschaffen und bewegt sich durch jedes einzigartige Wesen und *ist* sowohl Teil von allem, als auch ein separat existierendes Phänomen von dem, was ich das „Alles-was-ist" nenne.

Dieses „Alles-was-ist" kann simultan sowohl als eine Kraft als auch als ein individuelles Bewusstsein wahrgenommen werden, das innerhalb jeden Bewusstseins existiert und doch von jedem anderen Sein getrennt ist. Es ist das, was man als Gott bezeichnen kann, aber die Vorstellungen, die wir von Göttern haben, sind nur ein blasser und unvollkommener Schatten von diesem "Alles-was-ist", so wie ich es erfahren habe. Indem man eine Vorstellung von einem Gott oder von Göttern auf dieses unbegrenzte, kreative Bewusstsein projiziert, begrenzt man unvermeidlich sein Verständnis dieses "Alles-was-ist" auf eine Art und Weise, die die erheblich begrenzte Vorstellungskraft wiederspiegelt, die typisch ist für die, die wir von uns selbst und von unserem physikalischen Universum haben.

Was ich bisher als Schwingungsebene, Welten, Wirklichkeiten oder Dimensionen bezeichnet habe, sind, in meinem gegenwärtigen Verständnis, Fokusbereiche von einem Bewusstsein, das so real ist wie die physische Welt um mich herum. Auf diese Weise verstehe ich sie als *Aspekte* des "Alles-was-ist" (um was auch immer es sich dabei handelt): die Ganzheit der sich bewussten und ins Unbegrenzte ausbreitenden Schöpfung, die sich unserem Verständnis und unserem Wissen entzieht.

Auch im Rahmen meines sehr elementaren Verständnisses der Quantenphysik ist das Wort *Dimension* angemessen. So, wie man es mich gelehrt hat, stellt diese Physik eine Theorie auf für eine Struktur des Universums, die Ähnlichkeiten aufweist mit dem, was ich aus der Perspektive des Blinzel-Raums wahrgenommen habe. Unsere Auffassung des Soliden ist eine Fiktion, weil auch das kleinste aller Teilchen, so, wie wir es wahrnehmen, in Wirklichkeit keine feste Materie aufweist und parallele Dimensionen nur in unserer Realität existieren - also Dimensionen innerhalb, parallel zur- und zwischen der Realität, die wir wahrnehmen - und die die Existenz von anderen, wahrscheinlichen und parallelen Erfahrungen und Realitäten nahelegt. In diesem Sinne ist also das Wort *Dimension* angemessen. Von nun an kann die Beschreibung seiner Bedeutung angewendet und benutzt werden als bedeutungsgleich mit Worten wie Vibration, Schwingung, Schwingungsebene, Welt oder Realität.

Kehren wir also zurück zum Ausgangspunkt, dann stellen wir fest, dass das Konzept der Dimensionen einer mehr spezifischen Beschreibung von dem zugrunde liegt, was ich als die Interessen und Verantwortlichkeiten der Persönlichkeiten erfuhr, die in dieser Versammlung zugegen waren. Obwohl einige dieser Wesen unabhängig voneinander agierten, so waren doch die Mehrzahl der Teilnehmer Mitglieder kleinerer Gruppen, die jeweils auf spezielle Interessen oder Aufgaben innerhalb spezifischer Gebiete oder Schwerpunkte konzentriert waren. So lag zum Beispiel der Schwerpunkt des Interesses einer der Gruppen darauf, mit Heilenergien zu arbeiten, wobei sie verschiedene Dimensionen überschritten. Dies betrifft auch Heilenergien, die direkt auch unsere physische Dimension anbelangen. Es handelt sich also um übergreifende Heilenergien, die, unabhängig von individueller Wahrnehmung, als Struktur eines *Flows*, eines Energieflusses, existieren. Im weitesten Sinne können wir von ihnen sagen, dass sie Heilern, die in menschlicher Form auftreten und arbeiten, Wissen vermitteln und durch sie hindurch fließen - obwohl diese Energien insofern Besonderheiten aufweisen, weil sie auf der physikalischen Ebene zu Anwendungsmöglichkeiten gehören, die im Mainstream der westlichen Medizin nicht bewusst praktiziert werden.

Das Interesse einer anderen Gruppe konzentriert sich auf das Gleichgewicht der Interaktion zwischen einander überlagernden Punkten verschiedener Dimensionen. Diese Überschneidungspunkte, die wir uns als multidimensionale Kreuzungen vorstellen können, verbinden die Wirklichkeiten verschiedener Dimensionen (sowohl physisch als auch nicht-physisch) miteinander. Ein Ungleichgewicht zwischen einem oder allen von ihnen kann als Ergebnis bei gewissen Energieströmen eine massive Abweichung hervorrufen, was dazu führt, dass konzentriertes Bewusstsein abgelenkt wird und etwas passiert, das wir als wunderbare Wandlung (im Original: *transmogrification*) oder Neuausrichtung von kreativen Entwicklungen innerhalb von Realitätssystemen wahrnehmen können.

Wieder eine andere Gruppe beschäftigt sich mit der Wartung von Energiefeldern, die innerhalb des physikalischen Universums und durch das ganze physikalische Universum hindurch, mit dem wir vertraut sind, die Gesetze der Energie stützen - obwohl unser gegenwärtiger Fokus den größten Teil von dem ausschließt, was an Wahrnehmung tatsächlich möglich ist. Diese Energiefelder stützen die Energiesysteme anderer Dimensionen auf eine Art und Weise, die dort zwar anders und unterschiedlich, aber genauso wichtig sind wie die, die unsere physikalische Welt ausmachen.

Andere Gruppen arbeiten auf Gebieten, die wir vielleicht als begrenzter einstufen. Eine davon ist zum Beispiel dafür verantwortlich, einem Bewusstsein (also dem von physischen Menschen - uns eingeschlossen) bei Transformationen und Übergängen in physische Ebenen hinein- und auch wieder heraus- zu assistieren (wie zum Beispiel bei Geburt und Tod). Wieder eine andere Gruppe konzentriert sich auf Energiemuster, die in unserer physischen Welt der Wissenschaft, so, wie wir sie kennen, aktiv werden, indem sie zum Beispiel spezielle Informationen verfügbar machen, die von uns Menschen in unserem physischen Bewusstsein intuitiv erfasst und nutzbar gemacht werden können. Andere Gruppen arbeiten exklusiv mit den Energien, die kulturelle Systeme in der physischen Welt schaffen, aufrechterhalten und leiten. Wir können sie verstehen als Energiegewebe, die sich in Glaubenssystemen oder sozialen Netzwerken manifestieren oder durch diese manifestiert werden.

Dies sind nur einige wenige Beispiele, aber sie bieten Ihnen eine Vorstellung davon, welche Bandbreite von Aufgaben und Schwerpunkten durch die tausende von Wesen wahrgenommen werden. Die Aufgaben, die ich hier beschrieben habe, setzen eine Struktur oder ein Netzwerk von unzähligen Schwingungen oder Dimensionen in physikalischer Form voraus, also auch Dimensionen, die rein als Energie funktionieren und erlebt werden. Ein bewusstes Sein ist nach meinem Verständnis in allen und durch alle präsent und ist eine Voraussetzung für ihre Existenz und Funktion, da ein Bewusstsein sowohl die in steter Ausdehnung begriffene Präsenz dieser Wesen erschafft, als auch das Erleben eines „sich dessen Gewahrseins" in ihnen möglich macht.

Das Spezielle von einigen dieser Aufgaben lässt sich nicht aufwiegen und vergleichen mit solchen, die wir vielleicht als größer, wichtiger oder komplexer einstufen. Jede dieser mannigfaltigen Aufgaben erfährt eine volle Anerkennung und Würdigung, weil sie zwar unterschiedliche, aber doch äquivalente Ansprüche an Fertigkeiten und Wissen stellen. Die meisten dieser Wesen waren Experten oder Meister auf ihren jeweiligen Gebieten und, ich muss es noch einmal sagen, "Ko-leidenschaftlich" (im Original: *co-passionate*) bei dem, was sie machten.

Von den Persönlichkeiten, die auf diesen verschiedenen Ebenen tätig waren, können wir nicht einfach annehmen, dass sie allumfassende Führungsfiguren waren, obwohl das, von unserem konzeptionellen Verständnis von Strukturen aus, eine durchaus logische Schlussfolgerung sein könnte. Es handelt sich bei ihnen nicht um Heilige oder Götter, die die Realität manipulieren. Was ich spüre ist, dass diese Persönlichkeiten sowohl in ihren eigenen und auch in verschiedenen Dimensionen verstanden werden können als fokussierte Teile ihres jeweiligen Seins in seiner Ganzheit, so wie wir ja auch aus fokussierten Anteilen unseres eigenen, erweitert bewussten Seins bestehen. Es handelt sich bei ihnen nicht um einen Endzustand, die Ausdehnung einer Wahr-scheinlichkeit oder Beispiele von einem *Fortschritt* irgendeiner Art - und auch nicht um eine Stufe in einer Hierarchie. Sie leben ganz einfach ihre jeweils eigenen Erfahrungen aus, die sich von unseren unterscheiden und sich in gewissem Sinne mit unseren überschneiden. Auf jeden Fall haben ihre Erfahrungen den glei-chen Wert wie die unseren. Es existiert eine simultane Unbe-grenztheit verschiedenster dimensionaler Strukturen, die mit den ihren ko-existieren - und zwar durch, über, unter und neben den ihren.

Mein eigenes Gewahrsein innerhalb des Blinzel-Raums nimmt das gleiche expansive Verständnis von Energie und "Sein" an, wie es auch jenen Persönlichkeiten zu eigen ist. Einige Implika-tionen dieses erweiterten Bewusstseins, so, wie es sich auf unse-re Glaubenssysteme, Einstellungen, Grundüberzeugungen und Handlungen in der physischen Welt auswirkt, werde ich im fol-genden Kapitel weiter ausführen.

4. WAHLMÖGLICHKEITEN, ZIELE UND VERANTWORTUNG

Zu Anfang kommunizierte ich meine Befindlichkeit, dass ich mich müde fühlte und kein Interesse mehr daran hätte, auf die physische Ebene zurückzukehren. Ich hatte begriffen, dass diese Entscheidung allein mir überlassen war – und zu diesem Zeitpunkt stand meine Entscheidung fest, meine physische Existenz zu beenden.

Unmittelbar danach oder besser ausgedrückt, in diese Kommunikation eingebettet, präsentierte ich der Versammlung etwas, das mir - von der Warte meines physischen Körpers/ bewussten Geistes im Rahmen meiner Wahrnehmung aus - ein Transfer von Informationen in Form einer unerklärbar komplexen Matrix zu sein schien.

Die Information war bis ins Einzelne zugleich detailliert wie auch weitläufig konzeptionell – zugleich auf mehreren Ebenen - und unendlich verdichtet, dabei von eleganter Einfachheit. Sie schloss Events, Gedanken, Situationen, Individuen und Gruppen in all ihrer Beziehungskomplexität ein: Geschichten, Konzepte, Verbindungen, Nuancen, Ebenen, Bewertungen und Projektionen - kinetische Gleichungen, Dimensionen, Symbole und Abläufe. Dieser Download war mehr als der klassische Lebensrückblick im Zeitraffer, im weitesten Sinne eher eine Sammlung von kulturellen und politischen Informationen. Ich war mir bewusst, dass ich all diese kondensierten Daten freiwillig abgab, weil ich bereits dem diesbezüglichen Wunsch dieser Versammlung von Persönlichkeiten nach Informationen zugestimmt hatte, bevor ich diesen Körper für meine physische Lebenszeit annahm.

Während die`Persönlichkeiten' die Matrix, die ich ihnen zur Verfügung gestellt hatte, studierten und aufnahmen, amüsierte ich mich geradezu über die Bewunderung, die man mir entgegenbrachte. Sie waren tatsächlich beeindruckt, nicht nur durch meinen „Raiders-of-the-lost-Ark[5]" Look, sondern auch durch die Tiefe und Breite an Informationen, die ich beibrachte. Ich hingegen empfand diese Aufgabe als einfach und die Informationen als so offensichtlich, dass sie eigentlich keiner besonderen Bewunderung und Würdigung wert waren.

Nachdem die Gedankenmenge oder die Matrix von allen absorbiert worden war, was nur Sekunden gedauert hatte, kamen Diskussionen zwischen einzelnen Gruppen und in der Gesamtheit der Versammlung in Gang. Dies mag unmöglich scheinen unter dem Aspekt, dass es sich um tausende von Wesen handelte – war es aber nicht. Es gab keine Überschneidungen, keine Unterbrechungen, keine Missverständnisse; divergierende Meinungen wurden respektvoll und nachdenklich behandelt und gelöst. Die gesamte Kommunikation erfolgte in rein gedanklicher Form.

Der erste Abschnitt von diesem Teil meines Berichtes enthält signifikante Implikationen. Beim Lesen von Nahtodberichten anderer Menschen fiel mir auf, dass viele ein Wesen oder eine Gestalt beschrieben, die sie von einem Weitergehen abhielt oder ihnen sagte, dass sie in ihre jeweiligen irdischen Leben zurückkehren müssten. Meine Erfahrung wies offensichtlich keine Begegnung mit solch einer Autoritätsfigur auf, die mir Vorschriften machte oder meine Bewegungen einschränkte. Eine Rückkehr in den physischen Leib oder eine Weiterexistenz woanders war ganz allein mir überlassen.

---

[5] Deutsch: *Jäger des verlorenen Schatzes* ist ein Abenteuerfilm von Steven Spielberg aus dem Jahr 1981und der erstproduzierte Teil der Indiana-Jones-Filmreihe.

Diese Wahlfreiheit weist für mich darauf hin, dass in jener Zone der freie Wille respektvoll anerkannt wird. Die Tatsache, dass über andere Menschen gegen ihren Willen verfügt wurde, kann ich nicht deuten, obgleich mir einige Erklärungsmöglichkeiten dazu einfallen: Diese Individuen könnten aus ihrer physischen Ebene einige Wahrnehmungsgewohnheiten mitgebracht und beibehalten haben, z.B. eigene Einstellungen und Glaubensinhalte, die das bewusste Sein betreffen, und die Instanz, die sie zurückschickte, war entweder ein Helfer oder die eigene Stimme des „Höheren Selbst in seiner Ganzheit" (Original: *Whole Self* im Sinne von *Higher Self*). Ich dagegen wusste sofort, wo ich war, wohin ich mich wenden musste und traute meiner Erfahrung im Kontext meines Wissens über erweitertes Bewusstsein. Dass ich im „Blinzel-Raum" die äußere Form meines physischen Leibes beibehalten hatte, mag ein Äquivalent dazu gewesen sein. Mein Gefühl sagte mir, dass es eine Zeit lang dauern kann, bis diese Angewohnheit aus dem physischen Leben verschwindet. Diese Angewohnheiten können das Festhalten an einer physischen Form sein oder das Anhaften an gewisse Denkmuster, die mit unseren Glaubensinhalten und Erwartungen zu tun haben, die uns helfen, in der physischen Welt zurechtzukommen. Wenn also Menschen während ihrer irdischen Existenz den Glauben übernehmen, dass sie beim Tod des Leibes von einem Engel oder einem Heiligen abgeholt werden, dann ist es vielleicht auch so, dass ein Wesen aus der Sphäre des erweiterten Bewusstseins diesem Individuum tatsächlich als Engel oder Heiliger erscheint, um ihnen Führung anzubieten. Vielleicht existieren Engel und Heilige ja wirklich und erscheinen ihnen. Und wenn jemand erwartet, verstorbene Vorfahren anzutreffen, dann passiert womöglich genau das.

So nehme ich an, dass meine eigene Vorstellung vom Tod als einem freiwilligen Transit des Bewusstseins, vom Individuum bewusst so gewollt, eine Rolle dabei gespielt haben mag, wie meine NT-Erfahrung abgelaufen ist. Da ich während eines großen Teils meines Lebens erweiterten Bewusstseinszuständen mit Vertrauen begegnet bin, vermute ich, dass ich mich dabei besser als viele andere Menschen fühle, weil ich mir selbst mehr Wert zumesse als nur eine Reihe feuernder Hirnsynapsen zu sein. Und da ich mich dabei immer als meine eigene, selbstbestimmte Autorität empfand und diesen Zustand als ein Gesetz des Lebens für selbstverständlich hielt, hat dieser Glaube wahrscheinlich meine Erfahrung geformt. Denn – aus der Perspektive eines erweiterten Bewusstseins – glauben wir ja daran, dass Glaube – unsere *Gedanken* – auch die Wirklichkeit formen.

Wenn ich mir diese Szene nochmals vergegenwärtige, diese Gesamtatmosphäre von Gleichheit und Respekt zwischen allen Teilnehmern an dieser Versammlung, so wie ich es im vorigen Kapitel beschrieben habe, dann bin ich immer wieder beeindruckt und begeistert. Keinerlei Machthierarchie war hier zu spüren und kein Hinweis auf eine bewertende oder gar strafende Gerichtsinstanz. Macht und Verantwortung liegen hier bei jedem selbst, abhängig von den jeweils eigenen Erfahrungen von Balance und Kreativität, und alles ist eingebettet in die kooperative Unendlichkeit des „Alles-was-Ist", der kreativen Kraft allen Seins.

Ich war mir bewusst, dass ich eine früher getroffene Abmachung erfüllte, indem ich den Teilnehmern der Versammlung Informationen zuleitete, jedoch spürte ich absolut keine Bewertung in Hinblick auf die Art und Weise, in der ich diese Vereinbarung erfüllte. Auch spürte ich keine Veranlassung zu einer Selbstüberprüfung darüber, ob ich diesen Gefallen zur allgemeinen Zufriedenheit erbracht oder nur mäßig gut geleistet hatte. Es war, was es war, und während ich einerseits befriedigt feststellte, dass die Informationen brauchbar waren, war ich andererseits indifferent in Bezug auf den Effekt, den die Informationen auf die Empfänger ausübten. Ich hatte ja einige Effekte meines physischen Lebens mitgeteilt – meine Erschöpfung z.b. – differenzierte jedoch nicht, ob das Ableisten guter Taten mich erschöpft hatte oder der mühsame Versuch und vielleicht gar das Scheitern, vereinbarte Ziele zu erreichen. Es fühlte sich sehr danach an, dass die einzige Bewertung meines irdischen Lebens in Hinsicht auf seine Verdienste, seine Enttäuschungen, Triumphe und Nutzen, von mir selber kam.

Obwohl zu diesem Zeitpunkt kein schneller „Lebensrückblick" an meinem geistigen Auge vorüberzog, standen mir dennoch die Bewertungskriterien, anhand derer die Handlungsweisen meines Lebens gemessen werden konnten, zur Verfügung. Das erste Kriterium war, ob mein *Selbst in seiner Ganzheit*, das *Wesen meines Seins* (im Original: *beingness*), in Bezug auf das Verstehen meiner eigenen Natur im Rahmen seiner Selbst-Bewusstheit an Tiefe und Breite zugenommen hatte, also erweitert wurde. In enger Verbindung dazu stand das zweite Kriterium: Der Ausdruck von Kreativität. Drittes Kriterium war, ob ich die Erfahrung als Ganzes genossen hatte und mich darüber freuen konnte.

Dass mein Selbstgewahrsein in meiner Lebenszeit bis dato eine Erweiterung erfahren hatte, wurde vorausgesetzt, da wir ja davon ausgehen, dass jede Erfahrung das Selbstgewahrsein erweitert. Schwerpunkt für meine eigene Bewertung schien dabei zu sein, ob meine Erfahrungen dabei auf bestimmten Gebieten eine signifikante Zunahme gebracht hatten oder diese Erfahrungen auf besonders anregende, unerwartete und neue Art und Weise abgelaufen waren. Schon mit dem physischen Bewusstsein genieße ich unerwartete oder auch offensichtlich bizarre vergleichende Gegenüberstellungen, extreme Möglichkeiten und das Entdecken von Dingen, von deren Existenz ich gar nichts gewusst hatte. Einige der anderen Persönlichkeiten, mit denen ich es hier zu tun hatte, zeigten in ihrem Umgang mit Kreativität eine Struktur und Akzentuierung, die sich von meiner völlig unterschied, so wie in unserer physischen Welt ein Wissenschaftler und ein Künstler dasselbe Objekt oder dieselbe Aktion von sehr unterschiedlichen Gesichtspunkten aus angehen würden. Einige der Anwesenden neigten zu einem sehr methodischen Vorgehen, indem sie jedes Detail gleich interessant fanden. Andere waren mehr angezogen von der jeweiligen emotionellen Intensität, andere legten den Schwerpunkt auf etwas, das ich als geistige Komplexität bezeichnen würde. Vorlieben in Bezug auf das Schaffen und das Organisieren von Erfahrungen wurden alle als gleichwertig akzeptiert. Sie sind nur unterschiedliche Wege, die zum selben Ergebnis führen: Freude – dem Vergnügen und Genießen, mit der eigenen Kreativität zu spielen.

Dass die Freude und das Genießen einer Erfahrung ein zentrales Kriterium für den Wert eines Lebens war, erstaunte mich. Denn als ich über diese Szene weiter nachdachte wurde mir klar, dass meine Zustimmung, den verschiedenen Bitten und Anträgen der „Persönlichkeiten" nachzukommen *ausschließlich* darauf basierte, ob ich meinem ureigenen Gefühl nach *genießen würde*, die vorgeschlagenen Aufgaben zu lösen – und zwar nicht nur *teilweise*, sondern *ganz und gar*. Wenn ich nicht von Anfang an der Meinung gewesen wäre, dass es mir Spaß machen und Lebensfreude bringen würde, die Bitten der Versammlung zu erfüllen oder dass diese Aufgaben nicht im Rahmen von Aktivitäten gelöst werden könnten, die auch meinen persönlichen Interessen dienen würden, dann weiß ich zweifelsfrei, dass ich dem nicht zugestimmt haben würde. Und meinem Gefühl nach hätte mir niemand übel genommen, wenn ich Nein gesagt hätte. Auch eine solche Entscheidung wäre voll akzeptiert worden und hätte ihre Gültigkeit gehabt.

*Wenn etwas nicht genussvoll ist und keine Lebensfreude bringt –
dann lass es!* Das scheint im Rahmen des physischen Bewusstseins – so, wie wir es kennen – eine verstörende Botschaft zu
sein. Die Grundprämisse, also die Struktur, auf der wir unsere
Vorstellungen des Selbst basieren, ist doch, dass wir im Grunde
genommen unvollkommen, fehlerhaft und mit Makeln behaftet
sind. Wenn wir wirklich frei wären das zu tun, was immer uns
die meiste Freude bringen würde, dann müsste man davon ausgehen, dass viele von uns Menschen vorsätzlich schlimme, zerstörerische und egozentrische Dinge tun würden. Die Folge wäre
Chaos. Was, wenn es jemandem am meisten Freude macht, andere Menschen umzubringen, und er/sie die meiste Zeit des Lebens genau damit verbringen würde? Was, wenn jemand am
liebsten eine(n) Nachbar(i)n vergewaltigen möchte, ein Geschwister umbringen, eine Bank ausrauben oder einen großen
kriminellen Coup landen würde? Was, wenn ich einfach keine
Lust hätte, mich zu entschuldigen oder du keine Lust hättest,
deine kranke Mutter zu besuchen? Wir gehen davon aus, dass
wir nur noch Urimpulsen und Trieben folgen würden, wenn wir
nicht durch soziale, religiöse und/oder kulturelle Normen und
Regeln gezähmt würden – und die Urimpulse und Triebe wären
wahrscheinlich böse. Die Religionen sagen uns, dass wir im
Grunde genommen alle Sünder sind - und die Wissenschaft setzt
einen drauf, indem sie sagt, wir wären alle im Grunde genommen nur aggressive Überlebenskünstler. Meine eigene Erfahrung auf der Ebene des erweiterten Bewusstseins bestärkt mich
jedoch in der Meinung, dass wir alle von Grund auf gut, heil-ig,
kooperativ, kreativ und erstaunlich cool sind.

Ich hatte eigentlich gehofft, eine Diskussion über das Thema
Gut und Böse zu vermeiden, weil ich ein weiteres Buch schreiben müsste, wenn ich auch nur den Versuch wagen würde zu
erklären, was ich in Bezug auf dieses Gegensatzpaar erfahren
habe. Dieses Thema ist mit so vielen kulturellen und religiösen

Lasten befrachtet, dass es ganz schwer ist, diese zu entwirren. Aber es scheint mir angemessen und sachdienlich, wenn ich versuche zu erklären, wenn auch sehr vereinfacht, was ich von der Perspektive eines erweiterten Bewusstseins aus über Gut und Böse wahrgenommen habe. Von einer physischen Perspektive aus kann es ganz leicht passieren, dass dies endlos ausufert, also werde ich versuchen, keine zusätzlichen Knoten hineinzuknüpfen.

Von der physischen Perspektive aus gesehen ist es durchaus angebracht, dass wir Menschen uns dahingehend abgestimmt haben, was die Grenzen akzeptablen menschlichen Verhaltens sind, um eine harmonische, kollektive Erfahrung zu ermöglichen. Es mag auch nötig gewesen sein, weil wir unserer Realitätsauffassung eine Struktur gegeben haben, die ein persönliches Verständnis und ein ständiges Gewahrsein unseres *Selbst in seiner Ganzheit* (und damit auch unsere Partizipation an „Allemwas-ist") in unserem physischen Leben vergessen hat - oder gar bewusst ablehnt. Unsere Urteile über menschliches Verhalten haben also eine Gültigkeit *nur aus dieser physischen Perspektive heraus,* und sie haben auch *nur innerhalb dieses Rahmens* eine Funktion. Mit gutem Grund versuchen wir also das Vorgehen eines Diebes, eines Mörders oder eines Vergewaltigers einzuschränken. Es ist ein Urteil über die jeweilige physische Aktion und ein Versuch, schädliche Effekte auf die generelle Harmonie der physischen Welt möglichst gering zu halten, also auf unsere kollektive, bewusste Erfahrung.

Aus der Perspektive eines erweiterten Bewusstseins aus wird jedoch *jede* Aktion als Ausdruck von Kreativität empfunden, die eine Bedeutung hat und auf die Balance und die Ordnung von „Allem-was-ist" einen Einfluss ausübt. Von der Warte meiner Erfahrung im Feld des erweiterten Bewusstseins aus erscheint es mir so, als ob *kein einziges Wesen* als gut oder schlecht angesehen wird. Die Handlungen eines Wesens kann man als unharmonisch, hinderlich und bremsend oder für den kreativen Flow innerhalb einer gegebenen Realität als geradezu schädlich auffassen, die Kreativität einer jeglichen Handlung kann jedoch dabei immer noch als wertvoll angesehen werden – vielleicht sogar als notwendig oder nützlich - ungeachtet des Schadens, den sie im Großen und Ganzen anrichtet.

Nochmal: Die Handlungsweise eines Individuums kann man so einschätzen, dass sie von einer Perspektive der physischen Realität aus sehr wahrscheinlich als Schaden verursachend oder schlecht gelten mag – aus der Perspektive des erweiterten Bewusstseins jedoch kann sie aus schönen, notwendigen oder wertvollen, kreativen Aktionen bestehen – und damit ist sie in jeglicher Hinsicht *gut*.

Schauen wir uns ein simples (vereinfachtes, aber nicht unbedingt einfaches) Beispiel an: Aus unserer jetzigen Perspektive sind wir im Allgemeinen nicht in der Lage, die Rollen wahrzunehmen oder zu verstehen, die das Selbst entscheidet zu spielen, wenn es einen Körper annimmt. Von der Warte eines erweiterten Bewusstseins aus kann man es so sehen, dass jemand einem Plan zustimmt, sich auf Erden auf eine ganz gewisse Art und Weise zu verhalten, um anderen dabei zu helfen, eine ganz bestimmte Erfahrung zu machen. So empörend es von unserer physischen Perspektive aus auch scheinen mag, so kann es durchaus sein, dass der Mann, der die Bombe gebaut hat, die mir durch ihre Explosion Schaden zufügte, diese Handlung auf meine eigene Veranlassung und meinen Wunsch hin ausgeführt hat. Dies soll nicht implizieren, dass seine Handlung im Rahmen unserer physischen Welt akzeptabel ist, weil er es auf meine Anregung hin gemacht hat und man diese Tat deshalb einfach übergehen sollte.

Vielleicht sind die Rollen einverständlich so ausgehandelt worden, dass der Bomber selbst die Erfahrung machen wollte, wie
es ist, als Folge der Gewalt, die er anderen angetan hat, verfolgt,
festgenommen, verhaftet oder gar getötet zu werden. Die Handlungen des Bombenlegers müssen in der physischen Welt nicht
stillschweigend geduldet werden, nur weil er und ich als „Ganzheitliche, Höhere Selbste" übereingekommen waren, dass er
mich in die Luft sprengt; wir alle spielen im Kontext des physischen Lebens unsere Rollen weiter (also der kollektiven Realität, auf die wir uns als *Selbst in seiner Ganzheit* entschieden
haben zu konzentrieren und an der wir teilnehmen wollen) - und
im Rahmen dessen, was wir über „Richtig" und „Falsch" denken.

Dass ich mich selbst tatsächlich selbst dazu entschieden haben
soll, in die Luft gesprengt zu werden, ist wie ein Schlag ins Gesicht für mehr als eine unserer kulturellen Grundüberzeugungen.
Wir alle gehen ja generell davon aus, dass uns Dinge zustoßen
oder einfach geschehen und dass es ganz viele Dinge gibt, die
wir einfach *nicht* unter Kontrolle haben und beherrschen können. Unfälle geschehen, Fehler werden gemacht – einige Menschen haben Glück, andere nicht.

Meine Erfahrung ist anders und unterstützt diese Grundeinstellung nicht. Ganz gleich, ob ich mir dessen in meinem physischen Geist bewusst bin oder nicht, mein *Selbst in seiner Ganzheit* ist sich jeder Erfahrung bewusst als eine kooperative
Leistung zwischen meinem eigenen fokussierten Gewahrsein
innerhalb der physischen Welt, meinem Selbst und anderen individuellen Wesenheiten. Ich *schaffe* meine physischen Erfahrungen. Nichts geschieht oder *stößt mir* ohne meine Einwilligung *zu*; Dinge geschehen, weil ich sie entweder selbst so
geschaffen, weil ich an ihrer Entstehung beteiligt war oder weil
ich zugestimmt habe, dass sie Teil meiner Erfahrung werden.

Um die Dinge in dieser Richtung (von vielen möglichen) noch ein wenig komplizierter zu machen, so ist von der Warte eines erweiterten Bewusstseins aus durchaus zu verstehen, dass Menschenwesen ihren Aufmerksamkeitsschwerpunkt so sehr in einer bestimmten Realität ansiedeln, dass sie (zumindest zeitweise) völlig das Gewahrseins ihres Selbst verlieren. In diesem Zustand der Absonderung und des „Nicht-Verbunden-Seins" können sie alle möglichen Schäden und Störungen verursachen und anrichten durch zwar zielgerichtete, aber unkooperative Handlungen. Dies ist also kein Grund, sie zu bestrafen, sondern eine Aufforderung, sie zu heilen.

Obwohl in einem gewissen Sinn alle Handlungen vom Standpunkt des *Selbst in seiner Ganzheit* aus kreativ, wertvoll und gut sind, so sind Gewaltakte und Streit, genauso wie Wettbewerb und Aggression, keine Vorgehensweisen, die das „Alles-was-ist" reflektieren oder ihm Ausdruck verleihen. Genau so wenig wie sie ein Bewusstsein unseres ureigenen, inhärenten Gutseins widerspiegeln oder unsere kooperative Verbindung mit jedem anderen bewussten Sein. Solches Handeln ist *nicht in Harmonie* mit unserem Selbst und dem Fließen unserer kollektiven Kreativität im *bestmöglichen* Sinne. Es vermindert unsere Fähigkeit, uns selbst als einen Spiegel von dem zu erschaffen, wer und was wir in Wirklichkeit sind: leidenschaftlich miteinander verbundene, gute und wunderbare Wesen.

Wir haben unser Konzept der Welt auf der Einstellung aufgebaut, dass Menschen von Grund auf mit Fehlern behaftet sind, und diese Einstellung hat nicht dazu beigetragen, dass wir uns in einer besonders attraktiven Welt wiederfinden: Es herrschen Wettbewerb, Konkurrenzdenken, Gier, Armut, Kriege, Gewalt, Hass und Furcht. Immerhin hat sie uns auch einen Spiegel in die Hand gegeben – und wir sehen eine Welt, die unsere kollektiven Grundeinstellungen und Ängste widerspiegelt. Eine physische

Welt in einem Zustand erweiterten Bewusstseins könnte jedoch Einstellungen möglich machen, die von gegenseitigem Respekt für uns selbst und alle anderen Wesen geprägt sind und damit eine natürliche Harmonie gegenseitiger Kreativität in dieser physischen Welt manifestieren. Doch auch wenn noch Zeit vergeht, bis dieser Zustand des Gewahrseins erreicht sein wird, so ist das, was wir zur Zeit erleben, individuell und als Kollektiv, *immer noch* ein Ausdruck unseres *Selbst in seiner Ganzheit*, in seiner ganzen, tiefgründigen Gutheit. Das Leben ist bedeutungsvoll. Es spielt eine ganz wichtige Rolle, denn für unser *Selbst in seiner Ganzheit* ist *dieses* Leben die Chance für Kreativität - und auch von gewissem Unterhaltungswert. Mein *Selbst* hat diesen physischen Fokus und diese ganz bestimmte Kultur ausgewählt - und es macht immer weiter damit, in diesem Kontinuum Erfahrungen für mich auszuwählen.

Das bedeutet nicht, dass sich unser Konzept der Wirklichkeit nicht zu etwas leichterem, harmonischerem oder erfüllenderem entwickeln könnte im Vergleich zu dem, was wir bis heute hervorgebracht haben. Das Leben kann durchaus zu etwas gemacht werden, das von beiden Perspektiven aus, dem des erweiterten wie des physischen Bewusstseins, als erfüllend und schön erachtet werden kann. Gewalt, Angst, Konkurrenzdenken und andere im Wesentlichen destruktive Erfahrungen mögen von einem erweiterten Bewusstsein aus durchaus im Rahmen des Möglichen zu sein, aber, geben wir´s zu, sie sind nicht wirklich unsere beste Seite. Soviel also zum Thema Gut und Böse. Ich fahre jetzt lieber im Text fort, bevor ich mich in dieses Thema verbeiße.

Das Kriterium, das ich bei der Bewertung meiner Lebenserfahrung einsetzte, intensiviert ein Gewahrsein dafür, dass ich für alles, was ich in meinem physischen Leben erfahre, die volle Verantwortung trage. Im besten Falle würden mein Höheres

Selbst und der physische, bewusste Geist in einer konzertierten Aktion gemeinsam handeln, um eine Erfahrung entstehen zu lassen, die ein integriertes Selbst gutheißen und genießen würde. Grundüberzeugungen und Glaubensinhalte der physischen Welt verhindern jedoch häufig, dass das *Selbst in seiner Ganzheit* seine Kreativität einfach und fließend entfalten kann.

Wenn wir voraussetzen, dass unsere Leben aus auf Kooperation ausgerichtete Anstrengungen bestehen, dann würde unser *Selbst in seiner Ganzheit* sich nicht durch unsere bewussten Glaubenssysteme, die unsere physische Welt bestimmen, hindurcharbeiten – oft ist es dazu gar nicht in der Lage - wenn diese im Widerspruch zu seinen eigentlichen Absichten stehen. Der bewusste Geist verfügt als Schöpfer über genauso viel Macht wie das Höhere Selbst, sodass seine Glaubensinhalte die Erfahrung genauso formen wie die Absichten des Selbst es tun. Die Feststellung, dass die *Gedanken die Erfahrung schaffen*, bedeutet, dass die Gedanken des Selbst und das Denken des bewussten Selbst zusammen die Erfahrung entstehen lassen. Wenn wir die Realität des Nicht-Physischen und das, was wir als Ganzheitliches, Höheres Selbst in Wirklichkeit sind, leugnen, dann übersehen wir nicht nur unsere eigene Rolle und Wirksamkeit bei der Erschaffung des Lebens, das wir führen, sondern wir sind uns auch noch selbst im Weg. Wenn wir zu fest an unseren Glaubensinhalten und Gedankenwelten hängen, bekämpfen wir uns selbst.

Es kann durchaus sein, dass mein Selbst die Erfahrung, in die Luft gesprengt zu werden, orchestriert hat, es kann aber auch sein, dass die Glaubensinhalte und Gedanken meines physischen Selbst dafür verantwortlich sind. Und selbst wenn es unterbewusste oder unbewusste Gedanken waren, die dazu führten, dass ich in die Luft gesprengt wurde, dann wäre es immer noch im Rahmen des Möglichen gewesen, solche Vorstellungen auszugrenzen, die diese Art der Erfahrung unterstützten – und sie zu verändern. Es lag *in meiner Macht*, das zu tun. Ohne das Denken zu verändern, das mich an die Schwelle des Todes gelangen ließ (z.b. „Ich bin müde, erschöpft, das Leben ist hart und hat mir nichts Interessantes mehr zu bieten…"), können zwar meine Verletzungen geheilt werden, diese Gedankenmuster würden mich aber wahrscheinlich dazu veranlassen, erneut wieder eine günstige Gelegenheit zu schaffen, in der diese Gedanken in Form einer Erfahrung manifestiert werden können.

Das Konzept *physische Erfahrung folgt dem eigenen Denken* kann auf alle Bereiche ausgerichtet werden. Wenn ich z.b. arm bin und lieber reich sein möchte, dann kann ich vielleicht herausfinden, welche Grundeinstellungen oder Glaubenssätze mich in dem Status der Armut festhalten und sie durch innere Überzeugungen ersetzen, die Reichtum fördern. Ich meine verstanden zu haben, dass das *Selbst in seiner Ganzheit* durchaus willens - und in manchen Fällen sogar gezwungen ist - sich den Überzeugungen, Wünschen und der Direktive des bewussten Selbst zu unterwerfen. Es scheint, als ob dieser bewusste Fokus des Selbst eine bestimmte, selbstdefinierte Rolle eingenommen hat und das Selbst sodann den Ablauf des gewählten Kurses zulässt und unterstützt. Was auch immer ich erschaffe, für das *Selbst in seiner Ganzheit* wird es von Bedeutung sein - kreativ und sogar unterhaltsam.

Ganz gleich, ob nun mein physischer Geist oder das Höhere Selbst die jeweilige Erfahrung schafft – es gibt dabei *keine Opferrolle, keinen Opferstatus*. Meine Handlungen, Emotionen und Gedankengänge sind keine hoffnungslos blinden Produkte der Erziehung durch meine Eltern oder durch die Schule, Fernsehen, Missbrauch, Armut, soziale Vorurteile, Rassismus, Sexismus oder politischer Umstände. Ich bin in diese physische Welt gekommen als ein vollständiges Wesen, eine reife Persönlichkeit

und mit einem Bewusstsein voller Absichten, Ziele und Vereinbarungen. Der Umstand, dass ich im Irak durch eine Bombe am
Wegesrand in die Luft gesprengt wurde, ist nicht die Schuld der
Person, die die Bombe baute oder des Menschen, der sie legte
oder dessen, der sie gezündet hat. Auch war es weder Glück
noch Zufall. Es war ein Event, das mein Selbst kooperativ mit
anderen geschaffen hat und dann mit dem Ablauf einverstanden
war, und für mein Selbst war und ist dieser Event von Bedeutung - er ist kreativ und hat Unterhaltungswert (im Original:
fun). Hätte ich ganz bewusst ein anderes Denkmuster entwickelt,
dann wäre diese Situation vielleicht vermeidbar oder gar unnötig
gewesen. Der Wert der Erfahrung wird jedoch durch dieses Fak-
tum nicht geschmälert.

Von dieser Warte aus gesehen und verstanden, bin ich jetzt vielleicht in einer unangenehmen Situation, aber wenn mein bewusstes Selbst jetzt entscheidet, darüber die Lebensfreude nicht
zu verlieren, dann kann diese Wahl nur beeinträchtigt werden
durch *meine eigene Wahlentscheidung, aus welcher Perspektive
ich das Ganze wahrnehmen will*. Ich kann die Wahl treffen, ob
ich mich als Opfer der Umstände sehe oder als kreative Anstifte-
rin und kooperative Partnerin des Geschehens. Ich kann wählen:
ist die Situation rein zufällig eingetreten und unsinnig – oder
kann ich darin eine Bedeutung erkennen und dem Ganzen einen
Sinn geben? Meine Lebensfreude muss nicht beeinträchtigt werden durch einen egozentrischen Oberst als Vorgesetzten, einen
unheilbar ignoranten Typen aus der Verwaltung, das unaufhörli-
che Handygeschnatter meines Sitznachbarn – oder dadurch, dass
ich ein Auge verloren habe. Meine Lebensfreude wird beeinträchtigt durch *Gedanken und Einstellungen, dass all diese Dinge meine Lebensfreude negativ beeinflussen könnten* – und erst
dadurch wird der Verlust oder die Einschränkung zur Realität.
In dem Moment, an dem ich mich als mein *Selbst in seiner
Ganzheit* wahrnehme, höre ich auf, Opfer von irgendwas und

allem zu sein. Stattdessen werde ich zu einer kooperativen Miterschafferin meiner eigenen Lebenserfahrung und übernehme die volle Verantwortung dafür. Es ist mir möglich, meinen Lebenskurs zu verändern, indem ich mein Denken verändere.

Dass ich diese Zeilen hier in dieser Form niederschreibe soll nicht den Schluss nahelegen, dass es mir bereits gelungen sei, diese Perspektive in meinem eigenen irdischen Leben zu verwirklichen. Das zu schaffen ist wirklich nicht einfach. Bewusst eine Verbindung zu den Absichten meines Selbst herzustellen ist nicht immer ein geradliniger Prozess, und Einstellungen und Gedankenmuster sitzen häufig tief verankert und sind schwierig zu identifizieren, und noch schwieriger zu verändern oder aufzulösen. Und eines ist gewiss: das eigene System von Einstellungen und Glaubensüberzeugungen zu verändern mag sich wie ein unrealistisch simplifiziertes Unterfangen und ein lahmer Ansatz anhören, um die Lebensfreude von jemandem zu steigern, der gerade dabei ist, zu verhungern, oder der sein Augenlicht oder Gliedmaßen verloren hat, und ich will gewiss nicht die Wirklichkeit von Schmerz und Leid schmälern – dies alles existiert, ist real und von Bedeutung. Auch ich fühle mich persönlich betroffen durch einen Migräneanfall, eine Nervenreizung oder durch einen Treppensturz, weil ich nur noch mit einem Auge sehen kann, doch frage ich mich in solchen Momenten nicht verwundert, wie ich wohl diese Folter selbst heraufbeschworen haben könnte und analysiere auch nicht mein Glaubenssystem, um den Grund dafür zu finden.

Oft bin ich mir jedoch gewahr, und beobachte mich sogar etwas amüsiert, wie- und dass ich solche Events in meinem Leben als Fehler, Problem, Makel oder Defekt erlebe. Doch immer bin ich mir am Ende sicher, dass ich diese Erfahrung selbst geschaffen habe – ein schnelles Durchforsten meiner Gedankenmuster oder ein kurzes Gespräch mit meinem Selbst in seiner Ganzheit *ist* also *in Ordnung*, sobald ich aufgehört habe, mich selbst auszuschimpfen. Die Differenz zwischen den Intentionen des Selbst und den Intentionen unseres bewussten Denkens auf der Ebene der physischen Realität kann wie ein gähnender Abgrund sein, der sich störend bemerkbar macht und manchmal einfach grässlich ist.

Wenn ich hier das Konzept beschreibe, dass wir unsere Erfahrungen selber schaffen, ganz gleich, wie schwierig oder unangenehm sie auch sein mögen, dann habe ich dabei eine gewisse Sorge, denn aus diesem Statement könnten irrige Annahmen abgeleitet werden. Es ist nicht *die Schuld* eines Menschen, wenn er verletzt wird oder ein elendes Leben führt. Die von unserer Kultur geprägten Grundeinstellungen legen ja nahe, dass wir alles, was die von uns idealisierte Perfektion nicht erreicht, gleich als einen Fehler, einen Defekt, als Problem, Mangel, Makel, Schwäche – oder als Folge von Sünde einstufen. Die Wissenschaft spricht zudem vom „Überleben des Stärksten" (*survival of the fittest*), was dazu führt, dass Krankheit, Alter und Behinderung zu einer impliziten Bedrohung werden und wiederum zu einem *Fehler, einem Defekt*. Und die Religionen machen uns weiß, dass nur guten Menschen auch Gutes widerfährt.

Es ist jedoch grundlegend wichtig, dass wir verstehen, dass, von der Perspektive eines erweiterten Bewusstseins aus, jede Erfahrung wertvoll ist! Wenn ich also sage, dass ich es mir so ausgewählt habe und dafür verantwortlich bin, dass ich in die Luft gesprengt wurde, und wenn andere Menschen aufgrund ihrer Entscheidungen Verletzungen erleiden oder ein Leben unter schwierigen Bedingungen führen, dann soll das nicht so interpretiert werden, dass man uns die Schuld dafür gibt. Ich denke gerade *nicht*: „*Das war mein Fehler!*" Vielmehr geht mein Denken darüber in die Richtung: „*Diese Lebenserfahrung ist mein einzigartiges Geschenk an mich selbst! Ich kann versuchen, es in gewisser Weise zu würdigen!*"

Die erstaunliche Verschiedenartigkeit unseres menschlichen Lebens kann – und sollte man – als faszinierend und für uns selbst und füreinander als spannend und lustvoll erleben. Statt zu denken, *„Mein lieber Schwan, dieser Typ ist aber echt durch den Wind!"* könnte ich auch gedanklich anders formulieren: *„Mein lieber Schwan, solch eine Erfahrung zu machen erfordert aber wirklich Mut!"* oder, *„Der bekommt aber Extrapunkte für Drama!"* oder *„Huh, das ist jetzt aber wirklich hintergründig!"* oder *„Shit – das ist jetzt aber wirklich dick aufgetragen!"* oder, *„Hmmm – die sind wie der Mikrokosmos im Makrokosmos, so, wie's in der Welt zugeht!"*, oder *„Ich frage mich, was die mit dieser Erfahrung wohl bezwecken - und wie's nun weitergeht? Ich frage mich auch, wie das denn nun in das kooperative Ganze der Schöpfung passt?"* Vielleicht kann ich ja aus der Erfahrung anderer etwas lernen; es kann ja sein, dass andere etwas prüfen und erschließen, was ich nicht selbst erleben möchte, aus dem ich jedoch stellvertretend etwas lernen kann. Vielleicht schaffen sie etwas, das ich mir nie hätte träumen lassen – und damit inspirieren sie mich.

Wenn man die Dinge auf diese Weise versteht, negiert man ja nicht das Mitgefühl für Leid und Schmerz. Vielleicht ist es paradox, aber oft sensibilisiert es mich dafür. Ich weiß selbst, dass sich in diesem intensiven Fokus auf unsere Existenz auf dieser physischen Ebene die Schmerzen, Schwierigkeiten und Unannehmlichkeiten schrecklich real anfühlen, oftmals scheinen sie endlos zu dauern und absolut hoffnungslos zu sein. Mein eigenes Mitgefühl ist sehr intensiv und kann fast erdrückend sein, teils, weil ich mich selbst einmal in so einer Lage fühlte, aber auch, weil ich in der Lage sein möchte, mit nur einer Handbewegung das ganze Problem zum Verschwinden zu bringen, so, wie ich es für mich tun konnte, als ich außerhalb meines Körpers war. Ich möchte anderen Menschen einen Blick auf die erweiterte Perspektive geben, die ich erfahren durfte, um sie darin zu bestärken, dass ihre Schmerzen nicht ewig dauern, dass sie einen Wert haben und es ein Motiv und einen Beweggrund dafür gibt, einen Anlass, der nur für sie selbst gilt. Die Erfahrung ist möglicherweise von so hohem Wert wie ihre Schmerzen real und intensiv sind.

Auch wenn ich die Tatsache akzeptiere, dass das Leben absolut elend und schwierig sein kann, dann nicht ohne gleichzeitig den Vorschlag zu machen, zwischen- und sogar während der schwierigen Erfahrungen freudvolle Momente zu genießen. Die Art und Weise, wie wir über unsere Erfahrung denken, kann sie in überraschender Form transformieren. Indem wir uns bewusst werden, dass wir auf irgendeiner Ebene die jeweilige Erfahrung selbst geschaffen haben und dass sie für unser Selbst wertvoll ist, können wir eine neue Perspektive gewinnen bezüglich unserer Emotionen und Gedankenmuster, die die Erfahrungen des physischen Lebens in neue Bahnen lenken.

Doch kehren wir zur Blinzel-Ebene zurück. Wo waren wir doch gleich? Oh ja, wir waren an dem Punkt, an dem wir feststellten, dass ich absolute Autorität über die Situation habe. Es steht mir frei, zu gehen oder zu bleiben. Es steht mir frei, Vereinbarungen zu verändern, sie abzulehnen oder neue einzugehen. Ich kann meine ursprünglichen Absichten und Ziele aufgeben oder sie weiter ausdehnen. Und um ein gewünschtes Ziel zu erreichen, kann ich entweder einen bestimmten Weg wählen – oder einen aus einer unbegrenzten Anzahl von Alternativen – nämlich denjenigen, der meinem Selbst die meiste Freude verspricht. Am Ende bestimme ich mein Ziel selbst, und diese Ziele werden definiert durch meine eigenen Absichten.

Zum Glück befinde ich mich in diesem Moment auf der Blinzel- Ebene und deshalb bin ich mir gewahr, dass ich zutiefst, durch und durch und in perfekter Weise *gut* bin - absolut zufrieden, entspannt und zuversichtlich, in hohem Maße von Mitgefühl erfüllt, unendlich neugierig und unbegrenzt kreativ. Mein für andere irritierender Sinn für Humor, meine leichte Erregbarkeit und Gereiztheit in dieser Welt, so, wie sie nun mal ist, liegt hinter mir. Es besteht also nicht die Gefahr, dass ich auf die Erdebene zurückkehre und die Leute, für die ich im physischen Leben Groll entwickelt habe, mit meinem Zorn überziehe: Bürokraten, die mich behindern, können sich entspannen; sich selbst beweihräuchernde militärische Vorgesetzte können ausatmen, Yo-Yos, die an ihren Handys hängen, während sie Autofahren, brauchen sich nicht vor meinem Zorn zu fürchten. Um ehrlich zu sein, fühle ich mich mit Menschen, geografischen Orten oder Situationen, die hinter mir liegen und die ich, von der physischen Warte aus betrachtet, als „unerledigte Geschäfte" einstufen könnte, nicht mehr in Verbindung. Ich bin nicht besonders daran interessiert, wieder in das physische Leben zurückzukehren. Ich bin erschöpft und müde. Und gegen eine gute Ruhepause hätte ich nichts einzuwenden.

Andererseits, bei angemessener Motivation … wie zum Beispiel der Aussicht, noch einige möglicherweise unterhaltsame und Freude bringende Dinge zu tun, an die ich bisher noch gar nicht gedacht hatte? Das ist schon verlockend ….

5. FÄHIGKEITEN -
UND DIE VERBINDUNG ZWISCHEN BEWUSSTSEIN UND KÖRPER

Die Wesenheiten baten mich sodann, doch in den physischen Körper zurückzukehren, um einige weitere Aufgaben zu lösen. Man gab mir zu verstehen, dass meine ganz besonderen Fähigkeiten im Umgang mit Energie gerade zu dieser Zeit ganz besonders gebraucht würden, dass sie jedoch nur dann effektiv zum Einsatz kämen, wenn ich innerhalb der Erdenschwingung gerade zu dieser Zeit tatsächlich in einem Körper wäre.

Meine Antwort darauf war, dass ich wohl willens wäre, aber aufgrund des Grades meiner Erschöpfung und meines Desinteresses daran, die Schwierigkeiten des speziellen physischen Lebens, das ich bis dahin geführt habe, weiter zu ertragen bat ich darum, dies zu berücksichtigen und mir deshalb bei einer Fortsetzung der physischen Existenz eine spezielle Hilfe zu gewährleisten.

Dass es so leicht sein könnte, mich zu einer Rückkehr ins physische Leben zu bewegen, obwohl ich so völlig erschöpft war, das amüsiert mich jetzt geradezu. Allerdings bin ich auch etwas zwanghaft, wenn es um meine Lebensaufgaben geht (ich nenne es jedoch lieber so, dass ich *zielgerichtet* bin).

Ich zögere, diese Fertigkeiten, die in der Versammlung als besonders nützlich und hilfreich hervorgehoben wurden, nun speziell darzulegen oder zu diskutieren.

Ich halte sie für einzigartig und für mich interessant, weil sie zu mir gehören, aber ich will gerade nicht, dass eine Beschreibung von einigen dieser Fähigkeiten in der Wertehierarchie anderer Menschen als etwas Grandioses oder „ganz Besonderes" interpretiert werden. In einigen Segmenten unserer Kultur werden gewisse Fähigkeiten künstlich hervorgehoben indem man sie „fortgeschrittenen Seelen", Mystikern, Propheten, Jogis oder Schamanen zuordnet. Andere Menschen wiederum verbannen einige dieser Fähigkeiten in den Mülleimer der Psychologie – als „mental irregeleitet". Beides sind Verzerrungen von Phänomenen, die ich als normale Wahrnehmungsfähigkeiten betrachte und die weltweit zur Verfügung stehen. Aus dem Blickwinkel des Blinzel-Raums sind wir alle ein wenig irregeleitet oder geistig verwirrt in Bezug auf unsere kollektiven Glaubensinhalte über das, was real und wirklich ist. Früher war man ja mal der Meinung, dass die Sonne sich um die Erde dreht. Wenn wir glauben, dass wir heutzutage davor gefeit wären, durch ähnliche Glaubensüberzeugungen in die Irre geführt zu werden, dann wird sich diese ignorante, aber nachhaltige Arroganz solcher Annahmen unzweifelhaft irgendwann offenbaren. Und doch sind wir alle Schamanen – für uns selbst und füreinander.

Eine generelle Diskussion von Fähigkeiten und deren Wertigkeiten ist für Sie als LeserIn vielleicht nützlicher als eine Beschreibung meiner eigenen, besonderen Gaben. Meine Erfahrungen im Blinzel-Raum legen den Schluss nahe, dass die Fähigkeiten und Gaben, die wir im physischen Leben nutzen, oft in gewisser Weise Reflektionen der Fähigkeiten unseres Selbst sind, oder unserer Seelen, wenn Sie so wollen. Wenn man mich vor die Wahl stellen würde, mich zwischen den Möglichkeiten zu entscheiden, die Arbeitsaufgaben eines Steuerberaters oder die Projekte eines Künstlers zu verwirklichen, dann würde ich mich ganz natürlich denen des Künstlers zuneigen, denn das würde mir erlauben, die von meinem Höheren Selbst favorisierten Fähigkeiten, Talente und Interessen auszuleben. Wenn ich im physischen Leben ein Arzt wäre, dann würde das auf ein Interesse meiner erweiterten Persönlichkeit an Heilungen, Dienst am Nächsten oder der Linderung von Disharmonien im Bewusstsein hinweisen. Wenn ich Ingenieur bin, dann kann dies der Ausdruck des Interesses meines Selbst an der Mechanik von Systemen und der Manipulation von Energien zu speziellen Zwecken sein.

Für die meisten von uns ist es fast ausgeschlossen, in unserem Denken Vorstellungen über Wertehierarchien, über Wettbewerb und Rangfolgen auszuklammern. In der physischen Welt sind die Variationsmöglichkeiten unserer Erfahrungen endlos, sie werden jedoch nicht als gleichwertig betrachtet: ihre Effekte werden im Vergleich zu anderen bemessen und nicht in Bezug ihrer Wirkung auf das Selbst. Von dieser Warte aus sind wir gewohnt, Menschen nach einer Rangfolge ihrer Wichtigkeit einzustufen: wie viele *andere* Menschen werden von diesem *einen* beeinflusst, wie schwierig oder komplex ist sein Job im Vergleich zu anderen und/oder wie viel Macht über gewisse Dinge übt dieses Individuum aus? All diese Wertezuschreibungen gehen von Bezugsrahmen aus, die im Blinzel-Raum gar nicht existieren.

Aus der Perspektive dieses Raumes wird eine Meisterschaft in der Ausübung einer Fähigkeit anerkannt, gewürdigt und genutzt – aber niemals im Sinne eines Wettbewerbs. Es mag Individuen geben, die geschickter oder versierter darin sind, ihre Fähigkeiten im Rahmen gewisser Dimensionen in höchstem Maße auszuüben, andere verfolgen vielleicht das Ziel, einer Kombination von Fähigkeiten besser Ausdruck zu verleihen. Einige wenige wählen sich vielleicht ganz besonders schwierige Bedingungen aus, die ihren Anstrengungen Grenzen setzen in der Absicht, sich Herausforderungen zu stellen, bei denen sie neue Wege entdecken können, ihre Fähigkeiten zu gebrauchen; andere wiederum entscheiden sich vielleicht dazu, Fähigkeiten zu entwickeln, zu denen sie keine besondere Neigung verspüren, einfach nur um sich in diese Richtung auszudehnen. Die Variationsmöglichkeiten von Erfahrungen sind endlos und für die Schöpfung als Ganzes alle gleichwertig.

Es ist absolut unmöglich, *keinen Effekt auszuüben*, und alle Wesen/Personen erfahren das, was sie *sich* wünschen und was sie wertschätzen als das, was letztendlich das einzig wirklich Wichtige ist. Da jedes Selbst eine vitale Komponente des Ganzen ist und mit ihm in einem natürlichen Gleichgewicht steht, ist es gar nicht möglich, etwas zu schaffen, das keinen Wert besitzt. Jemand, der nur eine relativ kleine Aufgabe bewältigt, erfährt dadurch vielleicht ein enormes Wachstum und eine Expansion auf der Ebene des Selbst, während andere, die etwas leisten, was wir als große, komplexe und verantwortungsvolle Aufgaben betrachten, im Sinne einer Selbstherausforderung nur auf der Stelle treten. Doch auch diese üben einen Effekt aus, und auch der ist von Wert. Ein Mensch entscheidet sich vielleicht dazu, eine vorher völlig unbekannte Dimension zu erforschen und während er sich dabei noch etwas unbeholfen anstellt, ist er in einem gewissen Sinne auch ineffektiv – und doch erfüllt er eine persönliche Absicht, nämlich die, eine neue Erfahrung zu machen. Andere kehren vielleicht viele Male zu derselben Dimension zurück, um all ihre Besonderheiten meistern zu lernen. All diese sind wertvoll und werden gleichermaßen anerkannt. Sie werden nur von dem Selbst bewertet in Hinsicht auf die ursprüngliche Absicht des Selbst. Das Selbst wiederum befindet sich in einer natürlichen Harmonie mit Allem-was-ist, so dass jede Art von Erfahrung auf ganz natürliche Weise jedes andere Sein unterstützt.

In diesem Kontext wurden meine besonderen Fähigkeiten für besonders wertvoll erachtet, um den verschiedenen Wünschen oder Zielen der Versammlung zu dienen. Die Vorhaben der Versammlung waren für mich insofern von Interesse, als sie auch meinen eigenen Interessen entsprachen. Die Nutzanwendung, die für meine Fähigkeiten vorgeschlagen wurden, fand ich spannend.

Dass die Fähigkeiten nur dann effektiv sein konnten, wenn ich tatsächlich in einem menschlichen Körper sein würde, scheint mit der Kapazität von Energien zu tun zu haben, zwischen den Dimensionen zu interagieren. Um einen Effekt innerhalb einer beliebigen Dimension ausüben zu können, muss auf Seiten dessen, der diesen Effekt zu erzielen sucht, Harmonie herrschen. Jede Dimension verfügt über ihren eigenen und einzigartigen Komplex an Schwingungen, die die Möglichkeiten dieser harmonischen Abstimmung und die Grenzen von Aktionen innerhalb dieser Dimension definieren. Wenn eine Persönlichkeit diese Harmonie mit einem Grundmuster der betreffenden Dimension nicht hat oder nicht herstellen kann, dann wird man seine Anstrengungen innerhalb dieser Dimension nicht wahrnehmen - sie werden abgeschwächt, verzerrt oder zwischen dem, dass wir als Realitätsebenen wahrnehmen, ohne einen Effekt hindurchgehen. Wenn es jedoch möglich ist, innerhalb dieser Dimension eine Harmonie herzustellen, dann wird die beabsichtigte Handlung auch einen Effekt zeigen - und dieser kann so klar sein wie es die jeweilige Fähigkeit und Absicht zulassen. Diese Aktion nimmt man vielleicht wahr, indem sie einen Energiefluss umlenkt oder ins Gegenteil verkehrt, die generelle Richtung oder eine spezielle Strömung innerhalb dieses Energieflusses verstärkt, oder indem sie diese radikal verändert.

Ich habe früher schon die Interaktionen zwischen Dimensionen oder Schwingungsebenen bei Kreuzungen oder an Orten beschrieben, an denen sich Dimensionen überlappen. Alle Dimensionen sind miteinander verbunden in einem System, das wir uns als ein Netzwerk vorstellen können, jedoch bietet keine Dimension einen direkten Zugang zu einer der anderen.

Stellen Sie sich als Beispiel eine Versammlung von sechs bis acht engen Freunden vor. Das Gespräch läuft auf ganz natürliche Weise gut, unterstützt durch eine komplexe Symphonie von Gefühlen, die von allen geteilt werden (alle mögen einander, obwohl wahrscheinlich aus verschiedenen Gründen), gemeinsamen Erinnerungen (alle wissen eine ganze Menge über das Leben der jeweils anderen - einige davon weniger als andere) und geteilten, kollektiv erlernten Verhaltensweisen (kulturelle Regeln und Normen sozialer Interaktion, gemeinsamen Grundüberzeugungen über das, was real, bedeutungsvoll, sinnvoll usw. ist). Nun kommt auch noch eine Katze hinzu. Die Katze betritt den Raum und setzt sich neben das Sofa, von wo aus sie nacheinander alle Anwesenden betrachtet. Dabei denkt sie Katzengedanken: *Da ist eine Maus in einer Ecke der Küche!*

Niemand bemerkt die Katze - oder die Maus. Die Katze sitzt an einem Ort und füllt im Zimmer einen Raum aus, der während der Interaktion der Menschen untereinander nicht beachtet wird, weil man mit anderem beschäftigt ist. Obwohl die Katze anwesend ist und alle anwesenden Freunde wahrnimmt, dabei physisch (nehmen wir an) so materiell existiert wie auch die Menschen, so hat sie doch nicht genug Gemeinsames mit ihnen, um bei *diesen* Menschen im *gegenwärtigen* Zeitpunkt einen Effekt auszuüben. Die Katze steht hier als Äquivalent einer überlappenden Dimension, ist jedoch nicht in enger Harmonie voll integriert. Die Katze ist zwar in harmonischer Verbindung mit der Mausdimension, wird aber in der menschlichen Dimension übersehen.

Nun betritt eine weitere menschliche Freundin den Raum und unterbricht in höchster Erregung den Fluss der Interaktion indem sie schreit, dass sie eine Maus gesehen hat, als sie die Küche betrat. Jetzt bemerkt sie die Katze und sagt zu ihr: "Katze! Mach! Geh und fang die Maus!"

Der Ton, der Fluss und das ganze Ambiente im Raum verändern sich sofort. Diese hinzugekommene Freundin interagiert in enger Harmonie mit der Gruppenrealität, weil sie ebenfalls ein Mensch ist, was bewirkte, dass ihre Entdeckung leicht zu kommunizieren war. Obwohl ihre Neuigkeit unerwartet kam und für einige der versammelten Freunde auch eine alarmierende Note hatte, gerade weil niemand sich hätte vorstellen können, dass so etwas in diesem Moment passieren würde, wird sie von allen wahrgenommen und übt als Effekt eine nachhaltige Wirkung aus. Die Frau ist in enger, harmonischer Verbindung mit der Gruppe und deshalb ist sie in der Lage, ein neues Element hinzuzufügen und den Energiefluss im Zimmer zu verändern. Auch hat sie die Aufmerksamkeit darauf gelenkt, dass wir hier eine Überlappung wahrnehmen, und zwar in den Dimensionen Mensch und Katze/Maus.

Um ein etwas kompakteres Beispiel zu geben, stellen Sie sich Musik als das Äquivalent einer Dimension vor. Musik hat auf uns nur insofern einen Effekt, wenn sie im Rahmen des menschlichen Hörvermögens stattfindet. In allen Dimensionen stehen unbegrenzt viele Noten zur Verfügung, aber um einen physikalischen Effekt in einer physikalischen Dimension ausüben zu können, müssen die Noten sich innerhalb physikalischer Rahmenbedingungen bewegen. Kehren wir zurück zu unserem Katzenbeispiel, dann ist das, was eine Katze hören kann, nicht unbedingt auch dem menschlichen Hörvermögen zugänglich. Und doch gibt es eine gemeinsame Wahrnehmung, wenn sich genügend Reize auf einer Ebene befinden, die von beiden geteilt wird, so dass sie im Stande sind zu interagieren und eine Wirkung aufeinander auszuüben.

In der Dimension der physikalischen Welt, so wie in jeder anderen Dimension, muss eine angemessene energetische Harmonie in gewissem Maße angepasst werden, was eine Interaktion nötig macht. Das heißt aber nicht, dass man dabei in physischer Form auftreten müsse, um einen Effekt zu erzielen. Im Kontext der Musik-Metapher hat man nachgewiesen, dass auch Töne, die für uns nicht hörbar sind, einen Effekt haben können. In gleicher Weise kann auch ein Effekt erzielt werden, ohne dass eine physische Form vorliegt, aber einige Einflüsse können leichter in der physikalischen Dimension ausgeübt werden, wenn dabei ein physischer Körper vorhanden ist, mit dem eine aktive Teilnahme möglich ist. Damit wird eine Überlappung wesentlich extensiver und gewährleistet ein Potenzial, das den intensivsten Effekt bewirkt.

In der Versammlung werden also meine Fähigkeiten anerkannt und ihr Einsatz wird erbeten. Die Gründe, warum ich sie innerhalb der physikalischen Dimension einsetzen und ausüben soll, habe ich verstanden. Aber wenn ich schon bereit bin, in meinen physischen Körper zurückzukehren, dann möchte ich auch, dass man mir dabei hilft. Bereits stark erschöpft, kann die Rückkehr in einen Körper, der gerade durch eine Explosion in Mitleidenschaft gezogen wurde, nur bedeuten, dass mir bevorsteht, mich mit einer Menge unangenehmer Einschränkungen und anderen Aufgaben abgeben zu müssen, die nach einer lästigen Menge unangenehmer Herausforderungen aussehen. Da ich gerade erst aus der physischen Form ausgestiegen bin, ist mir völlig klar, wie schwierig es sein kann, Erfahrungen und Situationen zu manifestieren, die für den physischen Körper und den physischen Geist ganz unterhaltsam sein können - sich aber in geradezu beängstigender Weise von dem unterscheiden, was das Selbst als unterhaltsames Vergnügen empfindet. Um ganz ehrlich zu sein habe ich eigentlich überhaupt kein Interesse daran, mich an diesem Ort weiter herumzutreiben.

Aus der komfortablen Perspektive des Blinzel-Raumes kann man sich das physische Leben so vorstellen, als ob man sich einen Film ansehen würde. Solange der Film läuft, tauchen wir in das Geschehen ein, akzeptieren die Rahmenbedingungen, teilen die Emotionen und sind neugierig, wie die Konflikte am Ende gelöst werden. Sobald der Film vorbei ist, kehren wir wieder in das "reale" Leben zurück. Obwohl einige Emotionen noch in uns nachschwingen können, wissen wir doch, dass der Film nicht die Wirklichkeit war. Niemand ist wirklich gestorben. Die Stadt ist nicht untergegangen. Die ekligen Monster werden nicht jeden Moment durch die Wohnzimmerwand kommen. Die Handlung des Films hat vielleicht Botschaften transportiert, etwas Lehrreiches vielleicht auch, oder sie hatte für uns eine persönliche Bedeutung, die wir mitnehmen, wenn wir das Kino verlassen - wenn nicht, dann hat es sich vielleicht um einen langwei-ligen Film gehandelt. Auf was es ankommt, ist die Erfahrung.

Diese können wir in unserer Erinnerung jederzeit wiederbeleben - oder wieder ins Kino gehen. Dann waren jedenfalls die Geschichten und Emotionen für uns entweder unterhaltsam und freudvoll - oder sie waren informativ. Sie hatten einen gewissen Wert. Und doch gehen wir nicht davon aus, dass die Geschichte wahr war.

In gewisser Weise sieht das physische Leben, das wir zurzeit erleben, aus der Perspektive des Blinzel-Raums jedoch genau *so* aus. Die Erfahrung dieses Lebens schätzt man von jener Warte aus als unendlich wertvoll, als sinnvoll, bedeutungsvoll - und als Freude und Vergnügen. Die Schmerzen, Kämpfe, Schrecken, Schwierigkeiten, Ängste und Frustrationen sehen überhaupt nicht schrecklich aus. Aus der Perspektive des Blinzel-Raums ist es leicht, die Dinge, die ich als so schwierig erachte, zu minimieren oder zu ignorieren, denn ich kenne das Ende - und das Ende ist immer gut. Irgendwann verlasse ich immer das Kino. In diesem Sinne sind die Dinge, die mich im physischen Leben verrückt gemacht haben, gar nicht real oder von langer Dauer. Auf der Innenseite des physischen Erlebens können einige Erfahrungen fast unerträglich sein, während sie aus der Perspektive des Blinzel-Raums so erfahren werden, als ob sie nur einen kleinen Moment gedauert hätten und deshalb wertvoll, gar unterhaltsam - und nicht so emotionell aufgeladen sind, wie im physischen Leben.

Ein Kind fällt und verletzt sich leicht am Knie - nur ein kleiner Kratzer. Es schreit und läuft zu seiner Mutter. Die Mutter drückt einen Kuss auf das Knie, lacht, streichelt dem Kind über den Kopf und fährt mit ihrer Beschäftigung fort, weil sie weiß, dass dem Kind nichts Schlimmes passiert ist. Es ist nichts - nur ein kleiner Kratzer. Diese Vignette beschreibt meine Wahrnehmung unseres physischen Lebens aus der Perspektive des Blinzel-Raums: alle unsere Mühsal und unsere ängstliche Auseinandersetzung mit den Dingen haben keine große Bedeutung. Ganz gleich, wie entbehrungsreich, schwierig, schrecklich, Herz zerreißend, mühselig, schmerzhaft oder anhaltend sie uns aus der Perspektive des physischen Lebens erscheinen - was durchaus der Realität entspricht, denn die Dinge sind so, wie sie sich anfühlen - all diese Erfahrungen sind für unser *Selbst in seiner Ganzheit* nur kleine Kratzer.

Da ich gerade erst aus der physischen Welt gekommen bin und erst vor wenigen Momenten durch eine Bombe in die Luft gesprengt wurde (von allen möglichen Dingen, die einem passieren können) bin ich noch sehr stark in der lebendigen Realität aus der Perspektive meines physischen Bewusstseins.

Seid Ihr in dieser Versammlung alle verrückt?

Ich bin völlig erschöpft von der gerade durchlebten Erfahrung und habe noch nicht einmal damit begonnen, die Auswirkungen der Explosion zu verarbeiten. Während ich aber in der tiefen Zufriedenheit und sogar mit zuversichtlichem Vergnügen in meinem eigenen, erweiterten Bewusstsein bin, erlaubt mir die Unmittelbarkeit genau dieses Zustands eine unglaubliche Erleichterung durch das Wissen, dass die Probleme meines physischen Lebens alles *nur Kratzer* sind! Und doch bin ich mir dabei völlig bewusst, dass das, was für das erweiterte Bewusstsein nur wie ein Kratzer erscheint, für mein Bewusstsein der physischen Welt eine lange, schmerzhafte, schwierige, mühselige und unangenehme Angelegenheit ist - und das mag ich gar nicht.

Ich bin zwar bereit, ins physische Leben zurückzukehren, will aber eine Zusicherung, dass es dabei keine Rückkehr in eine endlose Mühsal und in schreckliche Schwierigkeiten sein wird. Ich möchte etwas, das für den physischen Körper und die begrenzte Form des Bewusstseins genauso freudvoll sein wird wie für mein geistiges Leben. Hätten *Sie* etwa diese Gelegenheit vorbeigehen lassen, ohne sie in dieser Art zu nutzen? Ich denke nicht!

Ich bin nicht immer sehr reaktionsschnell - aber diese Chance habe ich genutzt. Es ist ja alles ganz gut und schön, den Film zu genießen, aber ich sehe nicht ein, warum ich nicht auch genießen kann, Teil des Films selbst zu sein. Und wie ich schon sagte, ich mag keine Horrorfilme. Ich bin nicht der Meinung, dass es ein Vergnügen ist, erschreckt zu werden oder dass man mir Angst macht. Ich finde das nicht spaßig und kann absolut nicht genießen, emotionell belastet, gequält oder überfordert zu werden. Schrecklich traurige Filme finde ich nicht entspannend und unterhaltsam. Pubertären Humor, unimaginative Charaktere und vorhersagbare Dialoge finde ich langweilig - und ich mag es nicht, gelangweilt zu werden. Verzwickte Liebesgeschichten, komplexe Krimis, Abenteuer oder Actionfilme mit einem Happyend und einem wirklich witzigen Humor kommen bei mir dagegen sehr gut an. Anscheinend habe ich immer an meiner eigenen Fähigkeit gezweifelt, durchgängig freudvolle Erfahrungen aus meiner physischen Existenz heraus zu schaffen und aufrecht zu erhalten. Deshalb schlug ich vor, dass man mir eine spürbare Hilfe zuteilwerden lässt, um die banalen, langweiligen, schmerzhaften und unerfreulichen Aspekte des Lebens zu bewältigen.

Habe ich diese Hilfe und Unterstützung bekommen? In Kapitel neun kehre ich zu diesem Thema noch einmal zurück.

In der Zwischenzeit bin ich gerade dabei, mich in eine andere Umgebung rüberzublinzeln.

6. AUSRUHEN UND ERHOLUNG

Während wir alle noch dabei waren, einige Details zu verdauen, zog ich mich an einen tieferen Ort zurück, den ich in Ermangelung eines besseren Ausdrucks als eine „andere Schwingungsdimension" bezeichnen möchte, um mich dort zu erholen und meine Energien wieder aufzuladen. Andere Wesen halfen dabei und erledigten die Hauptarbeit, während ich in eine Art spirituellen Zustand tiefer Erholung eintrat. Aus der physischen Perspektive dauerte dieser Status eine Zeitspanne, die Tausende von Jahren entsprach, jedoch in weniger als einem Moment ablief.

Als ich zu der Versammlung zurückkehrte, einigten wir uns darauf, dass ich noch einige ganz spezielle Aufgaben lösen würde, wenn ich zur physischen Ebene auf der Erde zurückkehrte und ebenso auf spezielle Bereiche, bei denen sie mir helfen würden. Dies war kein Tauschgeschäft, wie wir von unserer kulturellen Perspektive aus vielleicht annehmen würden. Es hatte mehr von einem zutiefst bereitwilligen Schenken oder Zulassen einer dienstbaren Leistung, bei der kein Gewicht auf den jeweiligen Wert oder den jeweiligen Aufwand gelegt wurde, der sonst mit jeder Vereinbarung verbunden war.

Nachdem ich eine praktische Hilfestellung für den Verlauf meines physischen Lebens vorgeschlagen hatte - sollte ich letztendlich doch zustimmen, dieses fortzusetzen - bewegte ich mich an einen Ort, der ganz speziell zum Ausruhen eingerichtet war.

Und wieder gab es keinen Führer und keine Anweisung von außen, um dahin zu kommen, wohin ich wollte. Ich scheine genau zu wissen, wohin ich gehen muss, und *blinzel (*im Original: *blink) mich durch reinen Vorsatz dorthin.*

Wenn ich nun von außen auf diese Erfahrung schaue, dann scheint es mir, als ob ich mich in mich selbst einrolle, nach innen gewendet bis ich vollständig und nur von mir selbst umgeben bin. Dies verursacht jedoch nicht, dass ich mich in einem reduzierterem Wirklichkeitsrahmen fühlen würde. Es ist mehr so, als ob ich meine Innenseite nach außen kehren würde in einen zwar völlig anderen, jedoch gleich geräumigen Raum, in dem ich völlig ohne Grenzen bin. Als bewusstes Sein bin ich unbegrenzt, enorm, ohne Ecken, Kanten oder Definition. Dieser grenzenlose Raum scheint zu Anfang dunkel zu sein, doch diese Dunkelheit ist nicht undurchdringlich. Es ist mehr so wie der tiefe Weltraum meiner Vorstellung nach sein könnte: es ist, als ob die Dunkelheit alles Licht in sich bergen würde und eine Tiefe hätte, die man spüren und sehen könne. Es könnte beschrieben werden als ein Gefühl für ein Licht*potential*... erinnern Sie sich noch an mein Osterhasenbeispiel?

Der ungeheuer große Weltraum ist in seinem Schweigen von tiefem Frieden erfüllt. Obwohl die Vorstellung einer grenzenlosen Leere einigen Menschen kalt und einschüchternd vorkommen mag, ist diese unermessliche Weite intim und gemütlich. Stellen Sie sich vor, Sie würden sich in dem komfortabelsten Bett, das es gibt, unter eine dicke Daunendecke kuscheln, während draußen ein Schneesturm heult. Und jetzt schließen Sie ihre Augen - und während Sie sich körperlich so rundherum wohl fühlen, betreten Sie den grenzenlos dunklen, friedlichen und kreativen Raum des Geistes. Stellen Sie sich vor, der Körper sei absolut gewichtslos und darin grenzenlos. So ungefähr können Sie sich diese tiefe Zufriedenheit vorstellen, die ich in diesem Ruheraum gefühlt habe.

Dieses Intermezzo im Ruheraum dauerte einen Moment - und gleichzeitig ewig. Ich kann unmittelbar und auch jetzt sofort in diesen Status einsinken und fühle mich dann, als ob ich immer dort gewesen wäre und dort auch eine endlose Zeit bleiben könnte, wenn ich das wollte. Immer noch driftete ich für lange Zeiträume dahin, von allem losgelöst, doch wenn ich zurückkomme, dann sind jeweils immer nur zwei oder drei Sekunden auf der physischen Ebene vergangen.

Der Ruheraum fühlt sich wie eine andere Dimension als der Blinzel-Raum an. Ich möchte ihn beschreiben als ob man auf einer anderen Ebene des Raum/Zeit Kontinuums ist, außerhalb der Dimensionen physischer Formen. Es mag sein, dass man in dieser Dimension gar keine physische Form schaffen könnte - wohingegen der Blinzel-Raum Variationsmöglichkeiten für eine physische Darstellung aufweist, wenn man sich denn dafür entscheiden würde, mit solchen zu arbeiten. Diese Ebene fühlt sich in Wahrheit so an wie eine *zutiefst private Sphäre*, die ohne meine ausdrückliche Zustimmung und Führung für niemanden zugänglich ist.

Sobald ich in diesen Tiefen angekommen bin, durchlaufe ich eine Variation dessen, was andere als ihren Lebensrückblick bezeichnet haben als sie von ihrer NTE in die physische Ebene zurückkamen. Das ist kein Willensakt bei dem ich sagen würde, „OK, ich bin jetzt soweit, denn mal los!" Es fühlt sich mehr an wie ein zwangloses Übergehen in einen reflektierenden Zustand, so wie wir ja manchmal einschlafen, während noch einige Bilder sanft vor unserem inneren Blick durchlaufen. Obwohl mein Leben in gewissem Sinn vor meinen Augen spontan aufleuchtete, ging das nicht blitzartig vonstatten, sondern mehr wie ein tiefes und vielschichtiges, zwar instantanes, aber gleichzeitig auch entspanntes Wandern durch mein Leben. Ich nehme simultan Ebenen emotioneller, mentaler und physischer Existenz wahr mit all ihren unterschwelligen Verbindungen, Mustern und Prozessen, wie auch die Verbindungen zwischen ihnen allen. Schichten, Ebenen und Verbindungen, die wir im Zustand physischen Bewusstseins gar nicht als real einstufen und empfinden, zeigen sich auf einmal in großer Klarheit. Zufällige Zusammentreffen von Umständen werden offenbart als das verbindende Gewebe zwischen tieferen Aspekten bei den Überschneidungspunkten zwischen der Selbstwahrnehmung und realer physischer Erfahrung. Muster, die zeigen, wie meine Verbindung mit allen anderen Bewusstseinsformen funktioniert, werden deutlich. Und damit meine ich *alle Bewusstseinsformen*, einschließlich also anderer Menschenwesen, Massenphänomenen, Objekten, Tiere, Pflanzen, Elemente und das, was wir als einzelne Moleküle wahrnehmen, als Atome, subatomare Partikel und Energien. Wir sind es ja gewohnt - unseren Definitionen von dem, was wir in unserem physikalischen Universum für real halten, folgend - ganz willkürlich nur einigen wenigen Objekten ein Bewusstsein zuzubilligen. Hier, aus der Perspektive des erweiterten Bewusstseins, wird jedoch deutlich, dass alle Daseinsformen über ein Bewusstsein verfügen. Und all dieses bewusste Sein kooperiert miteinander um zusammen das zu schaffen und aufrecht zu erhalten, was wir für die Realität unserer physischen Welt halten.

Diese Wahrnehmungen sind zwar visuell erfahrbar, die unglaubliche Tiefe und der Reichtum indes ist eine Erfahrung von so multi-sensorischer Absorption, eines Einverleibungs-, Verdauungs- und Integrationsgeschehens, dass es in keiner Sprache geeignete Worte gibt, um dies zu beschreiben. Eine simultane Wahrnehmung ist das, die alles umfasst: die innige Verbindung von unzähligen Fäden und Strängen des Seins, der Ausdehnung, der Möglichkeiten und Wahrscheinlichkeiten, Vergangenheit und Zukunft, seitwärts in der Zeit und von allem, was zwischen den Ebenen dessen passiert, was wir im physischen wahrnehmen. Diese vielschichtige Aufnahme und Integration schließt alternative Handlungsstränge ein, von Aktion und Reaktion und Interaktion, die möglich gewesen wären, wenn ich eine jeweils andere Handlungsoption gewählt hätte statt der, für die ich mich tatsächlich entschieden hatte. Letztere erfuhr ich innerhalb dieses Erholungs-Raumes als Exploration, als geistige Konstrukte, so wie Träume, die die Handlungen und Bewegungen kommentieren die ich entschieden hatte, als Lebensschwerpunkte zu verfolgen oder aufzuweisen.

Der Prozess des Lebensrückblicks ist nicht analytisch, weil er nicht linear verläuft und auch nicht bewertend in einer Weise, wie wir sie aus der Perspektive des physischen Bewusstseins heraus verstehen. Die Erfahrungen werden durch alle Ebenen von Verstehen und Erfassen hindurch gleichzeitig absorbiert. Die dabei auftretenden Sinneswahrnehmungen fühlen sich so an als ob sie Erweiterungen der physischen Sinne wären, so, wie wir sie auf Erden benutzen - und sind doch sehr viel stärker untereinander verbunden. Wenn ich zum Beispiel einen Laut höre, so geschieht das in viel reicherem Maße als alles, was man sich in unserer physischen Sphäre an Tönen vorstellen könnte. Und wenn ich einen Ton höre, dann kann ich ihn gleichzeitig auch schmecken, ich kann ihn spüren und visuell wahrnehmen. Also ist in gewisser Weise ein einzelner Sinn alle Sinne zugleich - jeder informiert alle anderen.

Nach dieser Integration – oder genauer gesagt, *innerhalb* des Integrationsprozesses kommt es zu einem tieferen Verständnis meiner Lebenserfahrung in Bezug darauf, wie sie sich auf das Ganze meines Seins bezieht – auf mein erweitertes Bewusstsein als Ganzes – und zu „allem, was ist", also der kreativen Kraft, die allem und jedem innewohnt, das existiert, in jeder Dimension und durch alles bewusste Sein hindurch. Eine Evaluation findet nur statt in dem Sinne, dass dabei entschieden wird, ob dieses oder jenes das Potential des *Selbst in seiner Ganzheit* maximiert, also ob ich dadurch in die Lage versetzt werde, ein hohes Maß an konnektiver Erfahrung zu absorbieren oder ob es sich auf irgendeine Art und Weise als eine Reduzierung oder Abschwächung dessen erweist. Ich stelle dabei auch fest, ob meine Erfahrung bestätigt, dass und ob ich meine ursprünglich Absicht verwirklich habe, mich in gewisse Richtungen auszudehnen und entsprechende Erkundungen durchgeführt zu haben, die ich mir ganz persönlich zum Ziel gesetzt hatte, bevor ich in diese ganz spezielle physische Erfahrungswelt eingetreten bin. Das Leben wird also auf der Basis dessen bewertet, ob es sich als besonders nützlich erwiesen hat, um in weitere und andere kreative Vorhaben und Projekte überzuleiten und darin fortzufahren. Innerhalb dieses Rahmens wird jede Art von Erfahrung als essentiell gut anerkannt.

Diese Vorstellung von „gut" habe ich bereits im vierten Kapitel vorgestellt, möchte hier aber noch einmal darauf eingehen. Um ein Beispiel dafür zu geben, was „gut" im Hinblick auf jede einzelne Erfahrung und auch was die Beurteilung oder die Bewertung dessen auf der Basis dieser soeben geschilderten Beurteilungskriterien bedeuten kann, bitte ich Sie, sich eine große Schale vorzustellen, die randvoll mit allen möglichen Süßigkeiten gefüllt ist, die Sie gerne mögen. Wenn Sie jetzt entscheiden wollen, welche davon Sie als nächstes essen, welche Süßigkeit also für Sie gerade begehrenswert ist, dann finden Sie eigentlich keine einzige, die nicht attraktiv, verführerisch und für Sie interessant ist. Wie also werden Sie sich entscheiden? Es ist nicht einfach. Aber nehmen wir einmal an, dass Sie bereits vor einer Stunde einen Schokoriegel gegessen haben, dann liegt es vielleicht nahe, das Thema Schokolade erst einmal auf später zu verschieben... (ich weiß, dass das kein wirklich guter Grund dafür ist, Schokoladengenuss aufzuschieben ... aber es handelt sich hier ja auch nur um ein Beispiel). Sie betrachten mit Wohlwollen einige Süßigkeiten, die leuchtend gelb eingepackt sind und einen so schönen Kontrast zu den anderen Verpackungen bieten, dass Sie allein aus diesem Grund entscheiden, sie nicht als nächste zu essen. Zum Frühstück hatten Sie schon so ein plunderartiges Gebäck, also steht Ihnen der Sinn jetzt mehr nach etwas knusprigem. Die appetitlichen roten Keksriegel, die scheinen jetzt perfekt zu passen. Also suchen Sie sich all die roten Riegel heraus und knabbern sie fröhlich weg.

Alle diese verschiedenen Sorten von Süßigkeiten sind also gut, so wie auch jede einzelne Erfahrung im Leben gut ist. Eine Bewertung oder gar Beurteilung in Bezug auf die Auswahl der jeweiligen Süßigkeit oder Lebenserfahrung kann man nur im Lichte des persönlichen Interesses oder der jeweiligen Absicht vornehmen, die sich auch leicht wieder verschieben oder verändern lässt, abhängig von den jeweiligen subjektiven Umständen und Interessen. Diese Entscheidungen sind weder schrecklich noch quälend, denn jede Wahl führt zu einem guten Ende (obwohl sie sich in der physischen Erfahrung schrecklich, langweilig, schmerzhaft oder hässlich angefühlt haben mögen). Die jeweilige Lebensentscheidung ist nicht mit Spannung oder gar Furcht befrachtet; im Gegenteil, jede Lebensentscheidung führt zu einer kreativen und befriedigenden Erfahrung.

Aus der Perspektive des Erholungsraumes ist alles in sich wertvoll, und doch gibt es einige Auswahlmöglichkeiten, bei denen man vermuten kann, dass sie interessantere Ausblicke auf den weiteren Weg gewähren oder dass sie einen speziellen Wert bieten (die Pracht einer Schwarzwälder Kirschtorte verglichen mit der Symphonie von Schokolade). Eine kleine Handlung kann sich vielleicht völlig unerwartet offenbaren als ein Weg, der zu interessanten Möglichkeiten führt, die man sich nie zuvor vorstellen konnte. Ganze Erfahrungsstränge formieren sich während dieses Integrations- und Evaluationsprozesses. Ich bin auf einmal imstande, all die Wege zu überschauen, wie auch kleine Aktionen die enge Verbindung zwischen den physischen Dimensionen - und über diese Ebene hinaus - beeinflusst haben. Ohne mein Wissen (auf der physischen Perspektive) haben sie sich wie konzentrische Kreise im Wasser ausgebreitet und ich wundere mich, wie eine einzige Handlung so weit reichende

Effekte ausüben oder dass sie zu solchen Effekten führen konnte. Diesen Lebensrückblick kann ich deshalb besser als eine Lebenserforschung bezeichnen, denn es war mehr eine Übung im Sinne einer Entdeckungsreise als eine Bewertungs- oder Beurteilungssituation.

Diese Exploration verläuft mit einer großen Prise Vergnügen und warmherziger Zuneigung für das Selbst ab, einfach aus dem Gefühl heraus, *zu Sein, Da-zu-sein*. Glaubensstrukturen wie karmische Gesetze oder religiöse Vorstellungen von Strafe haben in diesem Prozess keinen Platz - in meiner gesamten NT-Erfahrung nicht. Auch heute noch kann ich in diesen Status zurückkehren und wenn ich dann nach solchen Glaubensinhalten und –strukturen Ausschau halte, dann finde ich sie nur im Rahmen innerhalb der physischen Dimensionen als Stützkonstruktionen, die ausschließlich durch den Glauben an diese Dinge selbst geschaffen und aufrecht erhalten wurden. Diese Glaubensinhalte sind keine kosmischen Gesetze oder Regeln, nach denen ein erweitertes Bewusstsein operiert, denn das Bewusstsein existiert bereits vorher und jenseits davon. Das Bewusstsein kann ganz einfach zwischen diesen Ideen und Vorstellungen hindurchschlüpfen oder über sie hinwegsteigen.

All diese Aktivitäten mögen nicht besonders entspannend und erholsam erscheinen, doch während sie geschahen, fühlte ich mich zutiefst entspannt und friedvoll. Eine völlige Abwesenheit von Zeitdruck, Kritik, Furcht, Angst und Erwartung von Strafe, Schuldzuweisungen, Schulden, Ergebnissen und Schlussfolgerungen ist zutiefst befreiend. Die alles beherrschende Stimmung ist die einer strahlenden, ruhigen, heilen und tiefen Freude. Nicht wie die Freude als Reaktion auf etwas, sondern eine reine *Daseinsfreude!*

Wie ich schon beschrieben habe, war ich in diesem Erholungsraum nicht allein. Andere, die mit mir waren, arbeiteten an mehr technischen Angleichungen und Feinabstimmungen, während ich mich um meine eigenen Dinge kümmerte. Sie waren zwar, meinem Wunsche folgend, präsent, denn meinem Verständnis nach sind sie zwar Experten für die Heilung in diesen Dimensionen, sie schienen jedoch ohne jedes emotionelles Engagement in Bezug auf meinen Prozess oder zu mir persönlich zu sein. Ihre Arbeit legte nahe, dass ich, obwohl ich mich selbst als grenzenloses Bewusstsein erfuhr, doch noch ein Äquivalent von physischer Qualität darstellte.

Es ist so, als ob ich, auch in Form reiner Energie, immer noch eine Art innerer Struktur habe. In einer ätherischen Nicht-Form habe ich eine unbegrenzte Tiefe energetischer Strukturen in mir, die keine Form haben und keinen Raum einnehmen. Wenn man sie als sichtbare Muster von Leben wahrnehmen könnte, dann wären sie wahrscheinlich von ständig wechselnder und sich verändernder Gestalt. Ich empfinde sie als mechanische Strukturen der Wahrnehmung, die mit ihrer kreativen Erfahrung und Integration hilfreich sind. Wir können sie uns als Äquivalent von Strukturen eines physischen Körpers vorstellen, die die Mechanismen des Leibes unterstützen: zum Beispiel den Kreislauf oder das Lymphsystem. Die „Techniker" beschäftigten sich lediglich damit, in diesen Strukturen und Systemen wieder eine Balance herzustellen, so als ob man bei einem Auto die Zündung neu einstellt oder eine Glühbirne auswechselt. Meine Interpretation dieser Anpassungsvorgänge ist, dass sie dabei helfen, das Bewusstsein als Ganzes wieder in Höchstform zu bringen. So wichtig oder essentiell sie in diesem Prozess auch sind, so haben sie doch nichts mit Informationen oder der Qualität des Bewusstseins selbst zu tun.

Genügend ausgeruht kehre ich zur Versammlung im Blinzel-Raum zurück. Außerhalb von Raum und Zeit, wie wir sie verstehen, gibt es keine Unterbrechung des Zeitablaufs zwischen der Zeit, in der ich mich in den Ruheraum zurückziehe und dem Moment, in dem ich zur Versammlung zurückkehre. Indem ich dies alles als eine progressive Erfahrung beschreibe und diese in linearer Form wiedergebe, um dem Ganzen einen rationalen Sinn zu geben, verzerre ich sie jedoch unausweichlich. Akkurater könnte ich es so ausdrücken, dass ich, während ich vor der Versammlung stehe und dort um Unterstützung bitte, den Fokus bereits simultan tief in den Ruheraum verlege.

Wie ich bereits am Ende des letzten Kapitels beschrieben habe, bitte ich die Versammlung um Unterstützung, wenn ich in das physische Leben zurückkehre. Nach allem, was ich bisher geschrieben habe, mag es so scheinen, als ob ich absolut im Stande sein sollte, mir selbst die gewünschte Unterstützung in Bezug auf meine physische Erfahrung zu verschaffen, weil ich doch so ein erweitertes Bewusstsein bin und mir ein so breit gefächertes Angebot an Wahrnehmungsmöglichkeiten zur Verfügung steht. Doch bei diesem Gedanken überkam mich eine Flut von konzeptionellen Informationen hinsichtlich all der Schwierigkeiten, die mir bei einer Rückkehr ins physische Leben und der Erfüllung all dieser Aufgaben begegnen könnten. Da erschien es mir doch von Vorteil zu sein, Unterstützung von außen zu bekommen.

Der intensive Fokus, den wir derzeit aufbringen, um das Selbst in dem Zustand zu erhalten, der uns als eine konsistente physische Form erscheint, und das in dem Umfeld, das ein konsistentes, auf physikalischen Grundlagen beruhendes Universum in Verbindung mit Glaubensstrukturen eines physischen Bewusstseins (was wir unseren Geist nennen) zu sein scheint, kann es sehr schwer machen, ein umfassendes Verständnis von dem aufrecht zu erhalten, wer wir in Wirklichkeit sind - ein Wesen im Prozess der Entwicklung und Erweiterung - und selbst wenn wir dies wissen ist es schwer, die bewussten Konsequenzen daraus abzuleiten und umzusetzen. Absichten des *Selbst in seiner Ganzheit* können unter dem Einfluss des bewussten Geistes in einem physikalischen Universum schnell abgelenkt werden.

Glaubensinhalte, die man uns von Geburt an beigebracht und durch wohlwollende Gehirnwäsche verstärkt hat, indem das kollektive Bewusstsein sie ständig wiederholt - was letztlich die Strukturen der Wirklichkeit aufrecht erhält, die wir zurzeit als Realität erleben - üben einen Einfluss aus, so dass sie auf Absichten des *Selbst in seiner Ganzheit* einwirken und diese sogar blockieren können. Obwohl Glaubensinhalte auf einen klaren Ausdruck des Selbst einen störenden Effekt ausüben können, wird dieses ganzheitliche Selbst die physische Existenz doch immer in dem Maße mit Informationen versorgen, wie es die bewusste und die unbewusste Psyche erlaubt.

Ich stelle dieses Konzept hier lediglich vor ohne es weiter zu vertiefen. Über die Implikationen, die dies mit sich bringt, kann man ein ganzes Buch schreiben. Wichtig ist zu erfahren und zu erinnern, dass wir die geistige Welt um Unterstützung bitten und diese auch erhalten können, wenn wir dies möchten und brauchen.

Während ich also um Hilfe bitte, um ganz spezifische Dinge oder Events in der physischen Welt zu erhalten oder zu erfahren, beantrage ich gleichzeitig auch Unterstützung in der Form, dass ich ein gewisses Maß an Erinnerung des erweiterten und ganzheitlichen Bewusstseins beibehalten kann, wenn ich zurückkehre, um meine irdische Erscheinungsform wieder zu bewohnen. Denn ich weiß, wenn genug kultureller Druck ausgeübt wird, dann werde ich vielleicht nachgeben und einfachere Lösungen verfolgen, indem ich das Erfahrene in Frage stelle oder gar leugne - und mich wieder an das vorherrschende Konzept der Realität anpasse, anstatt das, was ich als Wahrheit erkannt habe, beizubehalten und immer weiter zu verstärken. Es ist so einfach, das *Selbst* und das, was wirklich wahr ist, wieder zu verlieren, wenn man immer wieder gesagt bekommt, dass das, was man als richtig zu spüren und zu wissen glaubt, Unsinn sei. Unsere kulturellen Glaubenssysteme stützen einfach nicht die Tatsache, dass ein erweitertes und endloses Bewusstsein unser wahres, natürliches Erbe ist - präsent *und nützlich* im physischen Leben.

Für welche speziellen Themen, Dinge oder Situationen habe ich also eine Hilfestellung erbeten, damit diese von mir fern gehalten werden? Sie fallen unter die Kategorie „praktische Irritationen und Einschränkungen". Um ein Beispiel zu nennen für Dinge, die jeder Mensch als Herausforderungen in seinem Leben antrifft und die sich in immer neuen Verkleidungen zu wiederholen scheinen: Da ist also ein großherziger und wunderbarer Mensch, der jedoch unter chronischem Geldmangel leidet. Jetzt kann es passieren, dass dieser Mensch plötzlich in den Besitz eines großen Geldbetrags kommt, der jedoch unmittelbar darauf durch das Eintreffen einer Flut von Rechnungen wieder aufgezehrt wird – was den finanziellen Segen gleich wieder verdunsten lässt. *Warum, zum ...?!* (Wir haben alle schon ähnliches erlebt, auf unterschiedliche Weise.)

Wenn wir uns daran erinnern, dass die *Form dem Gedanken folgt* und nicht *der Gedanke der Form*, so wie wir es uns irrtümlicherweise beigebracht haben, dann sind die Rechnungen, die das Kapital auffressen, tatsächlich eine Manifestation, die lediglich erfüllt was ein Mensch – bewusst oder unbewusst – an Gedanken erzeugt hat.

Schauen wir uns ein Beispiel an: Christian möchte gerne reich sein. Der alte Christian sieht sich in seiner Eigenwahrnehmung als einen ziemlich guten, zumeist ethisch handelnden, sehr moralischen, großzügigen und im Allgemeinen sehr normalen Menschen. Ausgehend von dem, was er in der letzten Zeit in den Medien beobachtet hat, kam er zu der Einstellung, dass reiche Leute unethisch, gemein, habgierig, angeberisch und arrogant sind. Als guter Christ hat der alte Christian auch so eine kleine, beurteilende Stimme in sich, die ihm sagt, dass er vielleicht als reicher Mann nicht in den Himmel käme, denn obwohl er nicht so groß wie ein Kamel ist, so ist er doch definitiv größer als ein Nadelöhr. Da Christian außerdem auch noch Geschäftsmann ist, vertritt er die Meinung, dass alle Rohstoffe - die Erde und alles, was darauf ist - begrenzt sind, was bedeutet, dass jemand anderes kein Geld mehr haben könnte, wenn er zu viel davon hortet. Und mit dieser Vorstellung und Einstellung kann ein freundlicher, moralischer, großzügiger und ethischer Mensch auf seinem Weg zum Himmel nicht komfortabel leben.

Für den alten Christian bedeutet dies also, dass er sich auf keinen Fall erlauben kann, reich zu werden, wenn er weiterhin sein Selbstbild als moralischer, ethischer, großzügiger und freundlicher Mensch aufrecht erhalten will - denn anderenfalls wäre er ja unmoralisch, unethisch, habgierig und geizig - und das würde ihm den Weg zum Himmel erheblich erschweren.

Ich nenne diese Art von simultan aufrecht erhaltenen Selbstbildern und Glaubensinhalten *Gegenkräfte* (Original: *contraries*), von denen ich bei mir ganz sicher einen Anteil äquivalenter Muster feststelle. Diese Art von immer wieder auftauchenden, gleichartigen Herausforderungen empfinde ich als absolut langweilend. Ich erwarte einfach, dass ich jetzt in der Lage sein sollte, diese Art von Mustern, die so eine Erfahrung vermittelt, nur einmal zu bearbeiten, um dann zu neuen Herausforderungen weiter zu gehen. Natürlich ist die physische Bewusstheit nicht immer so gradlinig und kooperativ. Die Gegenkräfte finden sich oft versteckt in den tiefen Einstellungsinhalten und Grundüberzeugungen eines physischen Lebens und sind schwer aufzuspüren.

Da die Quellen für all diese Einstellungs- und Verhaltensmuster aus der Perspektive des Blinzelraums erheblich offensichtlicher sind und in der Erkenntnis, dass mir die Erinnerung an die Blinzel-Ebene nicht unbedingt immer ganz schnell wieder einfallen würde, wenn ich erst einmal in meinen physischen Körper zurückgekehrt wäre, schlug ich vor, dass mir die Persönlichkeiten der Versammlung im Blinzelraum unmissverständliche Hinweise, Anhaltspunkte und Erinnerungen schicken - und einige Gegenkräfte gar völlig löschen.

In Zusammenhang damit - weil ja alles in einem Zusammenhang mit allem anderen existiert - begehrte ich auch Hilfe bei der Erweiterung meiner Wahrnehmungssinne im Rahmen meiner physischen Geisteskräfte, wenigstens in Form einer vereinfachten Version von Verständnis für andere Dimensionen, so dass ich das Leben in einer konsequenteren und gradlinigeren Weise angehen könne. Unter anderem hoffte ich, dass mir dies dazu verhelfen könne, Kräfte und Fertigkeiten zu manifestieren, die auf der physischen Ebene auch einen gewissen Unterhaltungswert hätten, wie zum Beispiel die Gabe der Levitation, also Dinge schweben lassen zu können (geben Sie es ruhig zu, auch Sie fänden das ganz amüsant!). Wenn mein Gewahrsein des Möglichen auch eine Erinnerung an die Erfahrung im Rahmen des erweiterten Bewusstseins und von einigem enthielte, was andere Dimensionen betraf, was ich dann auf das physikalische Universum übertragen könnte, dann bin ich sehr sicher, dass die nächsten fünfzig Jahre in meinem physischen Körper erheblich spannender und unendlich unterhaltsamer wären, als es die ersten fünfzig Jahre waren. Dies wäre eine große Ermunterung, noch irdisch zu bleiben und all die Aufgaben, die mich die Versammlung zu lösen gebeten hatte, zu erfüllen.

Mit diesen beiden Themen dachte ich all meine Probleme der physischen Welt umfassend abgedeckt zu haben. War ich nicht clever? Indem ich eine Erinnerung davon behielte, dass alles, was ich in dieser Dimension erlebt hatte, ein kreativer Akt sowohl in kooperativer als auch in individueller Absicht und mit entsprechenden Zielen ist, würde ich zusätzlich immer wieder daran erinnert werden, meine Absichten und Vorsätze so zu verändern, dass sie mir lästige und ärgerliche Herausforderungen vom Hals hielten oder zumindest, dass ich in allem, was mir im Leben begegnet, einen Wert finde - oder diesen Herausforderungen mit Humor begegnen könne. Wenn ich mich nur immer daran erinnern könnte, wie viel Energie aufgewendet wird, um diese Illusion eines soliden, festen Universums zu erschaffen und aufrecht zu erhalten, das sich in eine gewisse Richtung durch Raum und Zeit fortentwickelt (im Idealfall vorwärts), dann wäre ich vielleicht imstande, einige der einengenden und Grenzen setzenden Glaubensinhalte und Grundüberzeugungen, die ich so angesammelt habe über das, was real und was möglich ist, abzubauen: Reste von Religion, aktuelle wissenschaftliche Theorien und verschiedene kulturelle Maßgaben. Wenn ich die erst einmal los wäre, dann wären vielleicht auch Vorhaben und Vorsätze frei, um Mittel und Wege zu erforschen, die weiter gehen und auch ganz alltägliche Wünsche beinhalten wie die Möglichkeiten, mir ein Traumhaus zu leisten, oder eine Reise nach Peru, oder mir ein cooles Auto zu kaufen (ein weißer Porsche 911 Turbo vielleicht? - Danke!). All dies sind in gewisser Hinsicht ganz attraktive Ziele - also für mich attraktiv - nicht als Selbstzweck, sondern als Werkzeuge und Hilfsmittel, um die immer weitere Erforschung der Kreativität zu genießen und wert zu schätzen, um auf der physischen Ebene *Erfahrungen* zu machen.

Was ich also von der Versammlung begehrte, waren – und sind – Erinnerungshilfen, um aufmerksam zu bleiben für das ewige Selbst, für das Bewusstsein, das mit allem bewussten Sein eins ist. Ich bat darum, behutsam aufgeweckt zu werden, wenn ich je wieder der Illusion verfallen sollte, dass unser Universum aus festen, physikalischen Objekten bestünde - und dass ich dann daran erinnert würde, dass unser Universum reine Energie ist, die absichtsvoll geschaffen, aufrecht erhalten und gehandhabt wird. Energie - die ganz einfach Gedankenkraft ist.

7. HEILUNG UND HILFE

Nachdem ich dem zugestimmt hatte, bewegte ich mich an einen Ort, an dem eine andere Schwingung herrschte und wo man an meinem physischen Körper eine Heilbehandlung vollzog. Von diesem Ort aus konnte ich meinen physischen Körper dort in dem Fahrzeug liegen sehen, den Kopf von der rechten Hand gestützt, den Ellenbogen auf der Türklinke, genau so, wie ich die dortige Situation verlassen hatte. Auch konnte ich meinen Körper als eine energetische Matrix sehen. Indem ich den Zustand simultan von beiden Ebenen aus betrachtete, konnte ich genau sagen, dass meine rechte Hand in Höhe des Handgelenks fast abgerissen war, mein rechter Fuß und das Fußgelenk ganz furchtbar verdreht waren und dass ich eine tiefe Wunde an meinem rechten Oberkörper hatte. Auch sah ich ein großes Loch in meinem Kopf: ein Auge fehlte, wie auch ein Teil meines Gehirns.

Einige Energiewesen und ich arbeiteten zusammen, um den Körper, hauptsächlich durch die Matrix, sehr schnell zu reparieren. Es wurden jedoch nicht alle Verletzungen vollständig ausgeheilt, denn einige von ihnen wurden noch gebraucht, um mich für die Aufgaben, die ich noch auszuführen vereinbart hatte oder für die Dinge, die ich als ganzheitliches, unendliches Selbst noch erfahren wollte, in die rechte Ausgangsposition zu bringen. Während wir arbeiteten, scherzten wir miteinander darüber, was eigentlich noch gemacht oder auch nicht getan werden sollte, und wir alle alberten auf ganz entspannte Art und Weise (im Original: *casually messed around with a great deal of goofing off*) miteinander herum.

Die Dimension, von der aus die Heilung meines physischen Körpers erfolgte, entspricht harmonisch der unseren. Während die Wirklichkeit im Erholungsraum vollständig aus Energie besteht, im Blinzelraum speziell aus einer unendlichen Auswahl physischer Manifestationen oder reiner Energie, wird der Heilraum charakterisiert durch Schwingungen, die zwar eine Form erfordern (Original: *necessitates form*), ohne ihm jedoch eine Struktur zu diktieren oder vorzugeben. Dieser Raum schwingt in Resonanz zu unserem eigenen physischen Universum, obwohl die Strukturen des physikalischen erweitert sind. Der Heilraum fühlt sich an als ob er eine ganz spezielle Erweiterung unseres physikalischen Universums sei. Eine Analogie wäre, dass dieser Heilraum wie ein Balkon oder ein Catwalk ist, der sich über die physikalische Welt, so, wie wir sie kennen, spannt. Dieser erhöhte Aussichtspunkt bietet einen größeren Überblick über das, was im physischen Sein in direkter Beziehung zum *Selbst in seiner Ganzheit* geschieht, also dem natürlichen Seinszustand des Bewusstseins. Aus der Warte dieser erweiterten Wahrnehmung und noch stets in sehr enger Verbindung mit der physikalischen Welt ist der Zugriff zu Werkzeugen möglich, die das Physische beleuchten und einen direkten Einfluss darauf ausüben.

Wenn ich sage, „es wird durch die Matrix gearbeitet" dann meine ich damit, dass wir mit den Strukturen gearbeitet haben, die Energie in die Form eines physischen Körpers bringen – in diesem Fall, in meinen Körper. Normalerweise denken wir in Kategorien der medizinischen Wissenschaft, wenn es um die Heilung eines Körpers geht, was eine mechanische Manipulation physischer Organe, von Knochen, Flüssigkeiten und anderer Teile beinhaltet. Vom Heilraum aus erscheint das Ganze des physischen Körpers als etwas Ätherisches, weil man ihn als das sieht, was er ist: Organisationsform von Energie. Es ist offensichtlich, dass es Zwischenräume gibt zwischen und innerhalb von dem, was wir als Partikel wahrnehmen, also der Raum zwischen den Partikeln, die alle zusammen ein Auge oder einen Knochen oder Haut bilden. Die energetischen Strukturen, die die Energie in ihrer physischen Form organisieren und halten sind dabei sichtbar und erscheinen als eine komplexe Matrix. Und diese Matrix ist das, was wir mit dem Ziel, die Verletzungen meines Körpers zu reparieren, bearbeitet haben.

Ich habe bisher die Tatsache noch nicht erwähnt, dass innerhalb all dieser nicht-physischen Daseinsformen in diesen Räumen und Ebenen meine physische Form (Original: *physicality that I retain*), die ich beibehalten hatte, völlig unverletzt war, obwohl mein physischer Körper, der noch im Fahrzeug saß, erheblich beschädigt war. Das dauerhafte Sein, das ich bin, hat in meiner Wahrnehmung auch im Blinzelraum eine Art schattenhafte Gestalt meiner physischen, irdischen Erscheinung beibehalten und zwar in einer immerwährend gesunden, flexiblen und komfortablen Form. Schaue ich sie mir in Hinblick auf das Äquivalent eines Lebensalters eines irdischen Körpers an, dann würde ich sie auf ein Alter zwischen dreißig und fünfunddreißig schätzen.

Ich nenne die Form einen „Schatten" weil sie etwas ätherisch aussieht und ganz definitiv *nicht* fest ist. An dieser Stelle ist sie mehr ein Überbleibsel einer früheren Vorstellung statt absichtsvoll so gewollt. Als Kinder hatten wir ein Spiel, das diese Art des Schattenform-Annehmens ganz gut illustriert: Wir stellten uns mit angelegten Armen in einen Türrahmen, streckten dann die Arme zur Seite und pressten die Oberseite der Hände und Handgelenke ganz fest gegen den Rahmen. Eine Minute lang feste gegendrücken – und dann loslassen und aus dem Türrahmen heraustreten. Was passiert ist, dass sich die Arme ganz mühelos und wie von selbst heben, so als ob es keine Schwerkraft gäbe. Diese Spannung, die noch in den Armen fortbesteht, können wir uns als Schatten des angestrengten Drückens vorstellen. Die Form, die ich in diesem erweiterten Bewusstseinsraum angenommen habe, ist ein Äquivalent: eine alte Gewohnheit des Geistes, ein Schatten der mentalen Anstrengung die nötig ist, um in einem physischen Environment eine physische Form aufrecht zu erhalten.

Da ich erst vor kurzem aus der physischen Dimension hierhin in den Blinzelraum gekommen war, hatte ich den Eindruck, dass es notwendig sei, mich ganz energisch darauf zu konzentrieren, die physische Gestalt oder Form abzulegen. Die Nähe zur Erdrealität mit ihrer ihr eigenen Schwingung unterstützt natürlich noch eine Zeitlang die alte Erscheinungsform. Doch da ich mich augenblinzelschnell in diesen anderen Raum purer Energie befördert sah, so wie jetzt auch in diesen Ruheraum, wird mir auch hier und jetzt ohne jede Anstrengung dazu verholfen, mich aufgrund des anderen Schwingungsniveaus jeder physischen Form zu entledigen, denn diese kann in der hiesigen Umgebung nicht aufrechterhalten werden.

Das Äquivalent zu meinem physischen Alter in der jetzigen Erscheinungsform meines Körpers, also so wie mit ca. 30 Jahren, kann man als optimal und natürlich betrachten. Es ist dieses innere Bild von sich selbst, das den wenigsten Aufwand erfordert, so als ob ich eine IT-Startseite von mir selbst aufrechterhalten würde. Eine alte Dame, die ich kenne, hat einmal gesagt: "Jetzt bin ich älter und habe nicht mehr so viel Ähnlichkeit mit mir selbst wie früher!" Ich stelle mir vor, dass sie sich innerlich immer noch so fühlt wie mit 30 Jahren und wenn sie jetzt in den Spiegel guckt, dann stellt sie fest, dass dieser gealterte Körper ihrem *Selbst*-Gefühl nicht mehr entspricht. Vielleicht geht es uns ja allen so wenn wir merken, dass unser physischer Körper altert. Ich habe den Verdacht, dass diejenigen von uns, die etwas haben, was wie eine dauerhafte Behinderung, Verletzung oder Krankheit erscheint, die entweder das Aussehen oder die Art und Weise der Bewegung verändert, mir darin zustimmen können, dass sie sich innerlich immer als heil, ganz und gesund erleben - als bewusstes Sein, reiche Persönlichkeit, kreatives und in physischer Form gesundes Wesen.

Obwohl ich diese Dimension als eine Variante oder Erweiterung der physikalischen Ebene beschrieben habe, verbinde ich dies nicht mit dem Eindruck, dass irgendwelche Wesen ausschließlich diese Heilungsebene bewohnen. Die Besonderheit dieses Umfeldes deutet auf eine Nutzungsform hin, in der dieser Raum nur zu gewissen Zeiten und für gewisse Aktionen gebraucht wird. Die Wesenheiten, mit denen ich dort zusammen war, sind nicht dauerhaft in einer physischen Form oder Bewusstheit als einem Normalzustand, so wie wir uns in unserer gewohnten Welt beheimatet haben. Die physische Form wird erst im Moment des Zugangs geschaffen und der Eingang in diese Dimension findet statt, indem das bewusste Sein in seiner Form als einer bestimmten Schwingungsfrequenz des Selbst entsprechend verschoben wird. Eine Wesenheit nimmt nur dann bis zu einem gewissen Ausmaß eine physische Form an, in dem Sinne, dass die Schwingungsrate, die nötig ist, um eine harmonische Balance aufrecht zu erhalten, niedrig und langsam genug ist, so dass sie in unserem physischen Universum existieren kann und dass wir in unseren Körpern in gewissen Momenten diese Wesenheiten kurzzeitig physisch wahrnehmen können. Abhängig von der jeweiligen Entscheidung wird ihr Energiekörper in unserer physikalischen Wirklichkeit visuell wahrnehmbar als eine amorphe, durchscheinende Gestalt. Sie können aber auch ganz einfach ihre Energie in menschlicher Form konfigurieren oder jede beliebig andere Gestalt annehmen. In diesem Sinne ist es nicht unähnlich wie in dem von mir beschriebenen Blinzelraum.

Was diese Ebene vom Blinzelraum unterscheidet ist die engere Verbindung zu unserem physikalischen Universum. Eine Interaktion vom Blinzelraum aus mit unserer physischen Dimension berührt jemanden, der gerade ein physisches Leben lebt, auf der gedanklichen oder Bewusstseinsebene. Die Schwingungsenergie der Dimension des Blinzelraums erlaubt keine unmittelbare Manipulation dessen, was wir als „physikalisch feste Materie" wahrnehmen. Im Vergleich dazu hat die harmonische Schwingungsebene, auf der diese Heilungsebene existiert, viel mehr Ähnlichkeit mit unserem physikalischen Universum. Und deshalb ist hier die Manipulation physikalisch fester Materie leichter zu bewerkstelligen, indem mit der entsprechenden Energiematrix gearbeitet wird.

Als ein Beispiel für den Einfluss, den gewisse Dinge aus der Perspektive des Blinzelraums in Bezug auf die physikalische Welt haben, können wir ein Telefongespräch mit einem Freund nehmen. Wir können auf diese Weise Gedanken austauschen – sind aber nicht in der Lage, einander zu umarmen, zu stupsen, zu knuffen oder sonst wie physisch zu berühren. Aus dem Heilraum heraus ist es jedoch möglich, durch reine Gedankenenergie direkt in die physikalische Welt einzugreifen.

Zwei Wesenheiten auf dieser Heilungsebene haben ganz besonders mit mir gearbeitet. Obwohl ich diese Wesen als physische Menschen in der physischen Welt nicht kenne, war mir in dieser besonderen Ebene der Eine doch als ein alter Freund vertraut. Die Leichtigkeit und auch der Humor, die wir bei diesen Aktivitäten erfahren haben, ist in Form schneller Kommunikation und sogar durch Insiderwitze auf eine intime Weise nur zwischen Freunden oder Kollegen möglich, die einander schon viele Jahre kennen. Die andere Wesenheit agierte mehr als eine Art Beobachter, so als ob sie erst lernen würde, wie man diese Heilarbeit ausführt, und schien sich manchmal ganz schön anstrengen zu müssen, um mit uns Schritt halten zu können.

Zwischen diesen Wesenheiten und denen, die mir in der Versammlung begegnet sind, waren evident keine gravierenden Unterschiede. Ich habe sie alle als ganzheitliche Wesen wahrgenommen, individuell, im Höchstmaß selbstbewusst und doch gleichzeitig in einem großen Ganzen miteinander verbunden – nämlich mit der unendlichen Schöpfungskraft und der allumfassenden Bewusstheit. Übersetzt auf unsere Weltmaßstäbe kann ich sagen, dass ich sie alle als Persönlichkeiten erlebt habe, die, wenn sie sich je für eine menschliche Erscheinungsform entscheiden würden, auf keiner Dinner Party außergewöhnlich auffallen würden. Ich habe sie nicht als unnahbar und nicht unterschiedlich von uns wahrgenommen, also nicht auf eine Art und Weise, wie in der Science Fiction Alien Monster oder Wesen dargestellt werden, die mit uns überhaupt nichts Gemeinsames haben. Von unserer Natur her sind wir einander sehr ähnlich: wir alle sind bewusstes Sein. Die Unterschiede sind spürbar in Einstellungen, Interessen, Verhaltensweisen, vor allem in denen der Interaktion, von Vorlieben und anderen Dingen dieser Art – wir sind uns aber im Grunde genommen in der Art unserer gegenseitigen Wahrnehmung sehr ähnlich. Nicht alle dieser Wesenheiten, denen ich auf den verschiedenen Ebenen begegnet bin, verfügten über Erfahrungen in menschlich physischer Form. Nicht alle von ihnen hatten sich dafür entschieden, an dieser ganz besonderen Form der Wirklichkeit teilzunehmen. Unsere Interaktionen und die Anerkennung einer gemeinsamen Basis, auf der wir einander sehr ähnlich sind, rühren eher von einer erweiterten Wahrnehmung her, die uns verbindet, als von einem gemeinsamen Erfahrungshintergrund auf der Basis einer physischen Erderfahrung.

Obwohl diese Verbundenheit auf der Basis eines gemeinsamen, erweiterten Bewusstseins offensichtlich ist, kann es doch vorkommen, dass einige dieser Wesen einen zuerst erschreckenden Aspekt aufweisen oder nicht die gleiche geistige Ebene teilen. Aber wir erkennen ja auch normalerweise nicht das Bewusstsein eines Elektrons oder einer Schreibtischlampe - obwohl auch diese auf einem völlig anderen Niveau ein bewusstes Sein repräsentieren. So erschienen mir einige der Wesen, die mir auf diesen Ebenen begegneten, irgendwie kalt, roboterhaft und – von einem menschlichen Standpunkt aus betrachtet - emotionslos.

Und doch sind sie ganz klar lebendige und bewusste Wesen und mit mir als einem ebensolchen eng verwandt. Wir haben einfach anerkannt, dass wir koexistieren wie die verschiedenen Orchesterinstrumente in einem Musikkonzert und dass jede Form von Erfahrung letztlich kooperativ ist und aus einer einzigen, gemeinsamen Quelle kommt: Alles ist Teil dessen, was ist.

Dieses Ur-Gewahrsein des inhärenten Verbundenseins von allem bewussten Sein ist ja nicht gerade ein Aspekt, dem wir auf der physischen Ebene viel Beachtung schenken. Die Unterschiede zwischen uns und anderen treten mehr in den Vordergrund als das uns ähnliche. Wir legen ja auch unterschiedliche Wertmaßstäbe an, wenn wir das Bewusstsein von Tieren oder Pflanzen im Vergleich zu uns Menschen beschreiben und viele Objekte werden von uns als unbelebt eingestuft. Menschen aus anderen Kulturen teilen wir einer anderen Gruppe zu als uns selbst oder wir separieren Menschen mit anderer Kleidung oder Hautfarbe in eine andere Kategorie. Da wir normalerweise viele andere Formen von Bewusstsein und ihre Ur-Ähnlichkeit gar nicht erkennen, konzentrieren wir uns auf die Unterscheidung der (äußeren) Formen. Selbst wenn wir denken, „*Nun ja, wir sind alles lebende Wesen*" schließen wir in diese Grundeinstellung nicht alle Wesen ein; wir ignorieren den Tisch, den PC, den Bürgersteig, den Wind, einen Stein. Ganz oft interagieren wir auch mit erkennbar bewussten Wesen erst gar nicht und lassen es am nötigen Respekt für deren inhärenten Wert als *Lebewesen* fehlen. Indem wir diese Wesen geflissentlich übersehen, geben wir Absonderungen und Wettbewerb einen höheren Stellenwert als eine natürliche Ähnlichkeit anzuerkennen, die ein volles Gewahrsein und die Anerkennung einer Kooperation zwischen uns unterstützen würde.

Unsere Unterscheidungen erweisen sich als künstlich und erscheinen aus der Perspektive eines erweiterten Bewusstseins sogar als willkürlich und unbegründet. Aus der Perspektive jeder dieser erweiterten Dimensionen und Erlebensräume erscheinen Aggressionen, Irritationen, Intoleranzen jeder Art, Abwehrhaltungen und defensive Verhaltensweisen ebenso wie Konkurrenzdenken als Erscheinungen, die der jeweiligen Bewusstseinsstufe unseres physischen Geistes entsprechen – und einfach nur lächerlich. Die Tatsache, dass mein physischer Körper in einer Explosion in Zusammenhang mit einem internationalen Konflikt verletzt wurde, in den zehntausende Menschenwesen involviert sind, schafft eine lustige und unterhaltsame Basis für das Herumalbern und Gelächter zwischen uns, während wir meinen Körper wieder in eine Ordnung bringen. Nach den Kriterien des erweiterten Bewusstseins wird dieser Konflikt, wie überhaupt jeder Krieg, weder als gut noch als schlecht beurteilt. Die dabei angewandte Gewalt erscheint rätselhaft und wird als ein seltsames und skurriles „Physische-Welt-Phänomen" angesehen. Aber es ist auch ganz unterhaltsam (Original: *entertaining*) zu beobachten, wie diese Ansammlung von bewussten Wesen dabei vorgeht – Krieg als eine einzigartige Erfahrung.

Wenn wir unsere physische Erfahrung als ein Äquivalent zu einem Kinobesuch betrachten, dann wird uns der gezeigte Film nur in dem Maße interessieren und fesseln, wie unser individueller Geist es uns erlaubt – oder wie weit er sich dazu entscheidet, sich auf diese Illusion einzulassen und daran teilzunehmen. Stellen Sie sich vor, ich würde mir einen dieser Dinosaurierfilme aus den 50er Jahren ansehen. Es ist mir einfach nicht möglich, mich auf das Illusionsniveau dieses Films zu begeben und mich emotionell einzulassen – zu sehr würden mich die technischen Aspekte dieser primitiven „special effects" und das theaterhafte Agieren der Schauspieler der damaligen Zeit zum Lachen bringen. Das alles kommt mir so künstlich und kitschig vor, dass es einfach nur urkomisch ist. So ähnlich geht es einem, wenn man unsere physische Dimension von der Heilebene aus betrachtet.

Wenn ich mir diesen Film anschaue, dann fällt es mir leicht, mir die Realität hinter der Illusion vorzustellen. Während ich die kreativen Leistungen, die Kooperation und Durchführung der schauspielerischen Leistungen und die technischen Tricks und Fertigkeiten im Kontext der damaligen Zeit - also der 50er Jahre - durchaus achte, behalte ich dennoch meinen Beobachtungspunkt als Mensch des frühen einundzwanzigsten Jahrhunderts bei.

Genau so geht es mir, wenn ich aus der Perspektive des Gewahrseins meines Höheren Selbst von dieser Heildimension aus die Dinge der physischen Welt betrachte: ich achte und weiß die kreativen Bemühungen und Leistungen sehr wohl zu schätzen, das (meist unbewusste) Zusammenspiel und die Fertigkeiten, die zur Aufrechterhaltung der Existenz mit dem Ziel, darin Erfahrungen zu sammeln, aufgewendet werden – wobei es stets eine Illusion mit hohem Unterhaltungswert (Original: *highly amusing*) bleibt. Ich kann die Realität hinter der Illusion erkennen.

Wie ich bereits früher schon beschrieben habe, wird die Heilung selbst auf der Ebene der Energiematrix vorgenommen und verläuft fast ohne Anstrengung. Indem man sich auf die Heilungsabsicht konzentriert mit dem Fokus auf den Vorsatz und das Vorhaben selbst, *„Heile das!"* und einem Äquivalent zu dem, was bei uns das Hin- und Herbewegen einer Hand über dem zu heilenden Körperteil wäre, ist dieser auch schon wiederhergestellt. Diese Aktion hat jedoch nichts Schreckliches und ist auch nicht durch eine selbstbezogene Wichtigkeit, technische Besonderheiten oder Drama belastet. In einer ganz vergnügten Stimmung wird sehr wohl die Aufgabe nicht aus den Augen verloren – und diese Absicht allein übt schon eine Wirkung auf die physikalische Realität aus.

Während dieser Heilarbeit erscheinen vielleicht viele der speziellen Späße und Ursachen von Heiterkeit aus der Perspektive eines physischen Geistes weder komisch noch machen sie einen Sinn. Wir scherzten zum Beispiel über das ganz spezielle und verzwickte Timing, das nötig war, damit ich just zum richtigen Zeitpunkt am richtigen Ort war, um in die Luft gesprengt zu werden. Über die gewaltigen Netzwerke von Abmachungen und Vereinbarungen zwischen Wesenheiten in Menschenform, die nötig waren, damit alles genau so funktioniert wie geplant – und wie es dann auch geschah. Wir fanden es einfach urkomisch und spaßig, dass alle, die in diese Situation verwickelt waren, nachher meinten, dass dabei alle Beteiligten dasselbe erlebt haben, in Wirklichkeit jedoch ihren eigenen und individuellen Realitätsstrang so abspalteten, dass am Ende die jeweiligen Wahrnehmungen der Details dieses Events niemals mehr übereinstimmen. (Dieses Phänomen beschreibe ich im Kapitel neun noch genauer.)

Während dieses Heilungsprozesses testeten wir verschiedenste Kombinationen und den jeweiligen Grad der Heilung, lachend über manche dieser Kombinationen, wenn wir uns die jeweiligen Konsequenzen und Herausforderungen vorstellten, die der jeweilige Zustand als Lebenserfahrung bei einer Verwirklichung im physischen Körper hervorrufen würde. Wir haben zum Beispiel ein Szenario durchgespielt, in dem ich völlig erblindet wäre und fanden die Vorstellung der Implikationen und Herausforderungen, die ich als Ergebnis davon antreffen würde, wirklich sehr komisch und erheiternd. Dann probierten wir eine vollständige Heilung meines Kopfes, meines Arms oder meines Fußes, oder ließen in einer anderen Variante nur einen kleinen Schrapnellsplitter in einem Arm und amüsierten uns darüber, wie viele Menschen anschließend solch kleine Verletzungen einer Riesenportion Glück zuschreiben würden, weil die anderen Insassen des Fahrzeugs erheblich schwerere Verletzungen davontrugen. Wie wäre es, wenn wir einen Teil meines Kopfes wegsprengen ließen? Wir ließen einen Splitter ins Gehirn eindringen und schwere Hirnschädigungen auslösen und beobachteten dann, immer noch lachend, wie der Fortgang meines Lebens mit solch einer Herausforderung Gestalt annahm. Was wäre, wenn wir die rechte Hand ganz amputieren müssten? - und wir sahen in diesem Szenario mit großer Heiterkeit wie ich versuchte, mit der linken Hand schreiben, essen und leben zu lernen.

Diese Variationen des Heilungsprozesses bringen mich immer noch zum Lachen. Das bedeutet aber nicht, dass ich einige dieser Situationen nur für komisch halte, wenn man sie tatsächlich durchlebt und täglich im Rahmen der physischen Existenz neu erfährt. Diese Heilungsszene beschreibe ich nicht ohne eine gewisse Zurückhaltung und Furcht, so wie im Kapitel vier, um die tatsächlichen Emotionen und Schwierigkeiten, die unzweifelhaft als Resultat der Explosion bei mir wie auch bei anderen, die meines Wissens nach darin verwickelt waren, auftraten, unabsichtlich zu minimieren. Ich will damit niemanden beleidigen oder verletzen, dessen von solchen Ursachen ausgehenden Schwierigkeiten im heutigen Leben nachhaltig, intensiv und schmerzhaft sind. Die Emotionen und physischen Extremerfahrungen der anderen Teammitglieder, die mit mir im selben Fahrzeug saßen, die uns geholfen und beigestanden haben und deren betroffenen und beteiligten Familienmitglieder, deren Leben durch diese und viele andere, ähnliche Situationen unabänderlich und unwiderruflich verändert wurden, sind absolut real, wahrhaftig und wirklich. Und einige dieser Geschichten sind einfach zu Herzen gehend und berührend, wenn man sie aus der Perspektive unseres physischen Universums aus betrachtet … denn schließlich leben wir momentan in genau diesem Universum!

Um diesen Humor verstehen zu können ist es unerlässlich, einen Standpunkt einzunehmen, auf dessen Grundlage man den Körper und das ganze physische Leben als vergänglich und vorübergehend begreift - die Seele, den Geist oder das Bewusstsein hingegen als nachhaltig, bleibend und fortdauernd. Wenn ich angesichts einiger ähnlich traumatisierender Situationen, die andere Menschen erlebt und durchlebt haben, mein Vergnügen (Original: *amusement*) öffentlich äußern würde – dann stünde das Urteil der Zuhörer wahrscheinlich fest: ich würde als sehr unhöflich, grob, herzlos und unsensibel beurteilt. Solange nicht mehr Menschen solch ein erweitertes Bewusstsein erworben haben, wird es stets als unsensibel gelten, wenn man über den Schmerz oder die Beeinträchtigung eines anderen Menschen lacht oder diese ignoriert, denn oft ist es auch genau das, nämlich unsensibel. Die Ursache von Insensibilität ist nämlich häufig Ignoranz, Arroganz oder Selbstschutz und kommt eben nicht aus einer tiefen Einsicht und einem Verständnis dafür, dass jeder von uns, als erweitertes Bewusstsein, sich diese Erfahrungen *genau so gewählt hat, wie sie eintreten.* Vielleicht wird es erst dann sozial anerkannt und gesellschaftsfähig, über unsere eigenen oder die Schmerzen oder leidvolle Situationen anderer Menschen zu lachen oder diese zu ignorieren, wenn wir gelernt haben, ein allgemeines Mitgefühl *für alles Leben, für alle Wesen* aufbringen und anerkennen zu können, das sich darin zeigt, dass wir ehrliche Bewunderung und neugierige Anteilnahme für diese Erfahrungen der anderen aufbringen, sodass wir ein gewisses Vergnügen und gemeinsame Freude darüber empfinden können, dass jemand für sich genau *diese* Erfahrung aus dem Schatz *aller möglichen* Situation ausgewählt hat.

Doch solange das nicht der Fall ist, wird es nicht möglich sein, an einigen unserer spannendsten und kreativsten Projekte und Vorhaben Spaß und Freude zu empfinden.

Während wir einerseits in diesem Heilraum noch mit der Heilung meines Körpers unsere Späße trieben, machten meine Gefährten/Begleiter und ich uns auch ernste Gedanken darüber, welche Aufgaben ich für die Versammlung zu übernehmen eingewilligt hatte und welche Verletzungen mich mit welchen weiteren Perspektiven in die beste Ausgangsposition bringen würden, um einige dieser Aufgaben auch zu erfüllen.

In Kapitel vier habe ich eine Diskussion in Bezug auf meine eigene Verantwortlichkeit wiedergegeben, diesen ganzen Vorfall herbeizuführen und meine Zustimmung, daran teilzunehmen. Dieselbe Mitverantwortung beherrscht auch die Auswahl meiner Verletzungen. Ich selbst habe die Verwundungen ausgewählt, ich selbst habe diese ganze Erfahrung gestaltet. Sie sind nicht das Ergebnis von Zufall, Pech oder die Strafe eines Gottes. Eine Grundeinstellung, die man in religiösen Glaubenssystemen häufig antrifft, besagt, dass mir gute Dinge widerfahren werden, wenn ich ein guter Mensch bin. Im Umkehrschluss bedeutet das aber auch: Wenn ich ein schlechter Mensch bin, dann geschehen mir auch schlimme Dinge. Eine katholische Freundin hat mal geäußert, dass sie absolut nicht verstehen könne, warum ein geliebter Mensch gestorben sei, den sie immer für einen guten Menschen gehalten hatte, denn nach ihrem Glauben *geschehen guten Menschen keine schlimmen Dinge*. Ihre Grundeinstellung war, dass wir es irgendwie verdient haben oder es uns recht geschieht, wenn ein Partner stirbt, wenn wir einen Autounfall haben, wenn uns eine Krankheit erwischt, wenn wir einen ganz unmöglichen Vorgesetzten haben oder wenn jemand verrücktes uns nachspioniert – oder wenn wir gar in die Luft gesprengt werden. Sogar New-Age Anhänger und „erleuchtete" östliche Philosophien unterstützen diese Art von Grundeinstellungen durch die Vorstellung eines Karmas: was du säest, wirst du ernten (siebenfach – in einigen Fällen). Wenn dir ungute Dinge zustoßen, dann musst du vorher selbstsüchtig oder gemein gehandelt haben, du musst negative Schwingungen erzeugt und ausgesandt oder in einem vergangen Leben etwas Mieses angestellt haben, für das du nun bezahlst.

Meine Wahl, welche Verletzungen ich beibehalten wolle und überhaupt das primäre Akzeptieren der Tatsache, durch eine Bombe am Wegesrand in die Luft gesprengt zu werden, wurden aus der Perspektive meines erweiterten Bewusstseins als absolut wertvoll, nützlich und gut eingestuft. Diese Erfahrung ist keine Strafe für Handlungen oder Gedanken, die schlecht oder böse waren, sie ist nicht einfach nur Pech oder ein Fehler. Meine Verletzungen sind keine Reflektion oder ein Konstrukt in Richtung auf Erbsünde (oder eine nur milde Verfehlung irgendeiner Art). Aus der erweiterten Perspektive meines *Selbst in seiner Ganzheit* sind dieser Event und seine Folgen Erfahrungen, zu denen ich mich selbst entschieden und die ich aus verschiedensten Gründen in heiterer Stimmung und mit einem Gefühl von Vorfreude auf ein anregendes Abenteuer in Hinblick auf eine ganz neuartige Erfahrung gewählt hatte. Auch dass ich jetzt, aus meiner physischen Perspektive, in Bezug auf die Konsequenzen meines Plans nicht immer so begeistert reagiere wie damals, als ich dieses Abenteuer herbeigeträumt habe, empfinde ich oft - trotz gelegentlicher Frustration oder Unwohlseins - als amüsant. (Seitdem ist das „in die Luft gesprengt werden" eine große Quelle für Scherze geworden...).

Am Ende dieses Prozesses einigen wir uns auf ein ganz bestimmtes Heilungsniveau für meinen physischen Körper, das meinen Bedürfnissen und Wünschen am meisten dienlich sein wird.

Ich bin bereit, auf die physische Ebene zurückzukehren.

8. ABSPRUNG

Nachdem wir das alles abgeschlossen hatten, dankte ich meinen jenseitigen Gefährten und begab mich an einen anderen Ort, einen geeigneten Absprungspunkt, um wieder in meinen Körper zurückzukehren. Dort traf ich noch kurz mit einigen weiteren Wesen zusammen, die mir ebenfalls bekannt waren. Wir diskutierten noch einige praktische Details bezüglich der Dinge, die ich mich bereit erklärt hatte für die Versammlung zu tun und auch einige persönliche Themen. Dann nahm ich ganz einfach einen tiefen Atemzug – und sprang zurück in meinen Körper.

Wie zuvor an anderer Stelle ist auch dieses letzte Umfeld, in dem ich mich befand, mehr ein Seinszustand im Sinne einer Wesenskonzentration, einer fokussierten Seinsweise, als ein geografischer oder definierbarer Ort.

Es fühlt sich so an, als ob er zwischen den physikalischen Schwingungen verschiedener Dimensionen existieren würde. Wenn wir uns die physikalische Welt als einen musikalischen Akkord vorstellen, dann wäre dieses Umfeld, in dem ich mich befand, eine Schwingung zwischen den einzelnen Noten des Akkords – zwar innerhalb des Akkords - und doch etwas Eigenständiges.

Diese Ebene liegt irgendwo zwischen den verfestigten Erscheinungen der physikalischen Welt und der reinen Energiematrix, zwischen dem physischen Geist und dem erweiterten Bewusstsein, zwischen Zeit und Raum und den Ereignissen auf der physischen Ebene. In diesem Umfeld wird nichts gemacht, was einen besonderen Effekt hätte. Ich bin mir hier zwar der physikalischen Welt bewusst – greife aber nicht irgendwo ein und verändere sie nicht. Ich nehme Wesenheiten wahr, die in diesem Blinzel-Raum existieren, ohne jedoch mit ihnen direkt zu kommunizieren. Es ist wie ein Wartezimmer, eine Örtlichkeit, ausschließlich für den Zweck eingerichtet, von dort in einen physischen Körper zurückzukehren.

Wenn ich heute daran zurückdenke, dann erinnere ich mich an das damalige Gefühl, wie ich zwar in der Szene des explodierten Jeeps präsent war, die Zeit jedoch stillstand: wir kennen das aus der TV-Serie *Twilight Zone*[6]. Die Wesenheiten, denen ich auf dieser Ebene begegnet bin, verfügen über sehr pragmatische Vorgehensweisen, um von ihrer Bewusstseinsebene aus in der physischen Dimension Dinge auszuführen. Das gemeinsame Scherzen und Herumalbern auf dieser Ebene ist etwas ironisch und verschroben, denn alles, was von der Position des erweiterten Bewusstseins aus leicht und lustig aussieht, kann auf der Körperebene schwierig und schmerzhaft sein und innerhalb des irdischen Raum-Zeit-Gefüges geradezu endlos lange dauern. Die Diskussionen, die wir untereinander führten, waren auf sehr spezifische Ereignisse und Situationen bezogen. Die Mechanismen, um unterschiedliche Energiefelder innerhalb der physikalischen Dimension zu gebrauchen und die verschiedenen Vorgehensweisen, wie man diese Energieströme aufrecht erhält und sie auf gewünschte Ziele hin ausrichtet, wurden hierbei ausführlich dis-

---

[6] *The Twilight Zone* (der Zwielicht-Bereich) ist der Name einer amerikanischen Fernsehserie der 1950er- und 1960er-Jahre mit Mystery- und Science-Fiction-Elementen. Im Vorspann der deutschen Synchronfassung der Serie wird folgende Einleitung gesprochen:
„Es gibt eine fünfte Dimension jenseits der menschlichen Erfahrung – eine Dimension, so gewaltig wie der Weltraum und so zeitlos wie die Ewigkeit. Es ist das Zwischenreich, wo Licht in Schatten übergeht, Wissenschaft auf Aberglaube trifft. Sie liegt zwischen den Fallgruben unserer Furcht und den lichten Gipfeln unseres Wissens. Dies ist die Dimension der Fantasie, das Reich der Dämmerung – die Twilight Zone."

kutiert und ins Verhältnis gesetzt zu den einzigartigen mentalen und emotionalen Gewohnheiten (Original: *habits*) meiner mir eigenen Persönlichkeit im irdischen Kontext.

Während sich die Diskussionen im Blinzel-Raum meist auf einer generellen Ebene bewegten, ist die Diskussion hier sehr pragmatisch. Im Blinzel-Raum sind wir die Architekten. Hier sind wir die Bauunternehmer. Erst einmal zurück im physischen Körper werde ich der einfache Arbeiter sein, der die Nägel einschlägt.

In diesem Umfeld bin ich mir völlig bewusst, dass ich mich jederzeit dafür entscheiden kann, von der ursprünglichen Absicht und den Zielen des Höheren Selbst abzuweichen, wenn ich wieder zurück im physischen Körper bin. Von der Warte meines bewussten Geistes aus bin ich völlig frei zu entscheiden, ob ich an einem Ereignis oder einer Situation teilnehmen möchte oder nicht – ohne eine Strafe, ohne ein schlechtes Gefühl, irgendwo ein Ungleichgewicht herzustellen oder negative Effekte befürchten zu müssen. Ich bin frei, mein Leben aufgrund meiner Präferenzen im Bewusstsein meines physischen Lebens zu führen – oder ich kann mich ausruhen und das Höhere Selbst eigenständig den Weg finden lassen. Überhaupt bin ich frei, das *Selbst in seiner Ganzheit* immer mehr zu erfahren und aus einer integrativen Perspektive aus zu handeln, in der das *Selbst in seiner Ganzheit* und das Bewusstsein der physischen Welt in enger Abstimmung miteinander agieren. Mein Eindruck ist, dass jede dieser Optionen gleich viel wert ist, gleiche Akzeptanz findet und völlig vom einzelnen Individuum abhängig ist.

Neun Wesenheiten waren in diesem Umfeld bei mir. Alle Neun waren mir äußerst vertraut. Einige Menschen oder Glaubensgemeinschaften nennen solche Persönlichkeiten vielleicht Seelenführer, für andere sind es Schutzengel. In meiner eigenen Wahrnehmung waren dies freundliche und hilfreiche Wesenheiten, die ganz freiwillig eine bestimmte Rolle übernommen haben, die darin besteht, anderen Wesen Führung, Schutz und Hilfe zukommen zu lassen. Sie beschäftigen sich mit einer großen Menge von Dingen und boten mir immer eine „Anlaufstelle" während ich damit beschäftigt war, den intensiven Fokus einzunehmen und aufrecht zu erhalten, der nötig ist, um in einer physischen Existenz effektiv funktionieren zu können. Ihre Fähigkeiten sind zwar ähnlich wie meine, doch ihre Möglichkeiten, von einem Punkt außerhalb der physikalischen Realität aus zu agieren, erlaubt ihnen, mir auf eine Art und Weise zu helfen, die nicht möglich wäre, wenn wir uns alle nur im physischen Bereich bewegen würden. Diese Wesenheiten sind zum Beispiel in der Lage, Entwicklungswege aufzuzeigen und können mir somit dabei helfen, unerwartete Kollisionen, physische Bedrohungen oder ein Abweichen des Höheren Selbst vom eingeschlagenen Kurs zu vermeiden. Wenn ich an sie zurückdenke, dann vergleiche ich sie mit der Art und Weise, wie ich mich im Irak mit meiner persönlichen Sicherheit beschäftigt habe: sie sind mein Sicherheitsteam auf energetischer Ebene. Im Irak wurden wir, wann immer wir unsere Basis verließen, von einer bewaffneten Sicherheitstruppe begleitet. Sie waren diejenigen, die vor jeder Fahrt durch Aufklärungsaktionen Informationen einholten und dann die geeignete Fahrtroute festlegten. Sie begleiteten uns in ihren gepanzerten Fahrzeugen und sicherten das Gelände, während wir die Baumaßnahmen inspizierten.

Mein Energie-Sicherheitsteam führt ebenfalls eine große Bandbreite von Aktionen durch und liefert meinem Unterbewusstsein Vorschläge, wo produktive Wege zu finden sind - und berät mich dabei. Auch beschützten sie mich vor unerwarteten Missgeschicken durch Erinnerung an frühere Erfahrungen. Zusätzlich zu diesen Schutzmaßnahmen übernehmen diese geistigen Wesenheiten auch Arbeiten auf Energieniveau und bieten mir Unterstützung an, wobei alles immer noch unter meiner eigenen Regie und auf meinen Wunsch hin geschieht. Als Gleichgestellte sind sie wie Freunde und Kollegen, ähnlich wie solche auf der physischen Ebene, die uns dabei helfen, Entscheidungen zu überdenken oder Perspektiven anzubieten, an die wir vielleicht selbst nicht gedacht haben. Auch schützen sie uns vor Unheil, wenn das nötig ist. Sie bieten eine umfängliche Hilfe und Unterstützung ohne sich dabei als Direktoren aufzuspielen. Denn wenn ich sage, „Dabei möchte ich keine Hilfe – ich möchte dies selbst schaffen, auch wenn es mich eine lange Zeit kosten wird, um die rechte Vorgehensweise im physischen Selbst alleine herauszufinden" dann würden sie dies akzeptieren. Sie würden sich zurückhalten und zugucken (wobei sie sich wahrscheinlich halb totlachen. Diese geistigen Wesen scheinen eine Vorliebe für einen gewissen schwarzen Humor zu haben, der aber nur dann wirklich witzig ist, wenn er aus der Perspektive eines erweiterten Bewusstseins verstanden wird. Dies kann manchmal ein wenig irritierend sein…).

Obwohl wir in dieser Szene die physische Ebene nicht verändern, haben diese geistigen Wesenheiten doch die Fähigkeit, auf vielerlei Art und Weise auf der physischen Ebene einzugreifen. Da sie anscheinend nur wenigen Einschränkungen unterliegen, können sie Gedankenmuster beeinflussen, Situationen schaffen und ganze Ereignisabläufe koordinieren, sie können in Träumen erscheinen, zeitweise eine körperliche Form annehmen und mit mir entweder mit hörbarer Stimme oder durch visuelle Bilder kommunizieren. Auch sind sie imstande, physikalische Energien auf eine Art und Weise zu manipulieren, wodurch es uns so vorkommt, als ob sich solide Objekte scheinbar von Geisterhand bewegen. Sie können solche Objekte sogar erschaffen.

Ungefähr fünfzehn Jahre zuvor führte ich in einem Villenviertel der Stadt Tucson einen Hund namens Mesa spazieren, als plötzlich auf der gegenüberliegenden Straßenseite ein Pitbull aus einer offen stehenden Haustüre geschossen kam und auf uns zu rannte. Ich dachte nur noch *Das kann doch nicht wahr sein. Ich kann hier nirgendwohin flüchten!* Mesa und ich erstarrten. In diesem Moment kam plötzlich ein Auto die Straße herunter, so plötzlich, als ob es aus dem Nichts aufgetaucht wäre. Ich hatte es gar nicht kommen hören, obwohl es mit seinem getunten Auspuff laut genug, die Straße eine lange Strecke geradeaus verlief und es zu dieser Tageszeit in dieser Gegend ziemlich still war. Genau im richtigen Moment fuhr das Auto zwischen uns und dem Pitbull hindurch, der auch prompt mit einem leichten Bums gegen die rechte Seite des Autos prallte. Das Auto verschwand die Straße herunter und der Pitbull taumelte zurück zu der Haustür, aus der er gekommen war. Das ganze Ereignis lief sehr schnell ab, es vergingen vielleicht nur vier oder fünf Sekunden. Mesa und ich guckten einander nur stumm an und auch der Hund tat einen lauten Seufzer, als wir erleichtert unseren Spaziergang fortsetzten.

Dieses Auto, das da so plötzlich erschienen war, wäre ein gutes Beispiel für etwas, das diese jenseitigen Wesenheiten als meine Freunde oder Schutzgeister geschaffen haben könnten. Denn dieses Ereignis war entweder reiner Zufall oder es war sehr gut arrangiert. Vielleicht haben sich hier Dimensionen oder Wahrscheinlichkeiten auf eine unerwartete Art und Weise überschnitten und damit eine Bedrohung hergestellt, die keinem von uns genützt hätte und deshalb lieber vermieden und entschärft wurde.

Die einzige Einschränkung und freiwillige Zurückhaltung, die ich in Bezug auf die Handlungsweise dieser Wesenheiten wahrgenommen habe ist die, dass alle Handlungen immer nur zur Unterstützung der eigenen Intentionen des Individuums geschehen, dem sie helfen. In keinem Fall agieren sie ihre eigenen, persönlichen, kreativen Intentionen und Möglichkeiten aus, indem sie den Menschen, dem sie hilfreich zur Seite stehen, manipulieren. Dies wäre ganz und gar nicht ihre Vorgehensweise. Ihre kreativen Intentionen und Aktionen sind immer auf eine Hilfestellung zugunsten einer spezifischen, physischen Person ausgerichtet und fokussiert – in diesem Falle auf mich.

All diese geistigen Wesenheiten haben selber schon mal in einem physischen Körper gelebt und haben deshalb ein umfassendes Wissen und Verständnis in Bezug auf unsere physische Existenz. Einige von ihnen können sogar simultan in einem physischen Körper auftreten während sie gleichzeitig als Teil eines energetischen Sicherheitsteam agieren. Obwohl uns das vielleicht unmöglich erscheinen mag und uns geistig durcheinander bringt, ist es doch nicht abwegig, denn auch wir können im Sinne des Multi-Tasking in unserem Alltagsleben mehrere Dinge gleichzeitig tun, wie ich früher schon beschrieben habe: wir können ein berufliches Problem am Telefon mit einem Kollegen besprechen während wir gleichzeitig Spiegeleier braten und zusätzlich noch einen Blick darauf haben, was die Kinder gerade machen. Als ein Höheres Selbst mit einem erweiterten Bewusstsein sind diese geistigen Wesenheiten in der Lage, sich simultan voll auf mehrere Dinge zu konzentrieren, die wir, auf unserer physischen Ebene, als eine zu komplexe Gruppe von Aufgaben wahrnehmen. Sie sind nämlich imstande, eine konstante Wahrnehmung meines Lebens aufrecht zu erhalten und gleichzeitig ihre eigenen Leben in ihrer Existenzform ohne jede Anstrengung weiter zu führen. Dieses simultane Leben, das sie führen, kann in derselben physikalischen Zeitzone ablaufen, die wir gegenwärtig erleben, aber auch in dem, was wir als Vergangenheit oder Zukunft einordnen. Diese Vorstellung, in der Vergangenheit und/oder in der Zukunft bewusst zu agieren, ist möglich als Folge einer erweiterten Raum/Zeit Wahrnehmung, die wir uns noch komplizierter vorstellen können, wenn wir alternative Wirklichkeiten und unbegrenzte Dimensionen der Vorstellung hinzufügen.

Die wahre Natur dieser erweiterten Raum/Zeitvorstellungen ist so, dass alles, was wir als existent erfahren, bereits in einer Vorform und als Potential existiert.

Aus unserer Perspektive nehmen wir vielleicht an, dass es keinen freien Willen geben könne, wenn unsere Zukunft bereits zur selben Zeit wie unsere Gegenwart existiert. Denn auch unbegrenzte, mögliche oder wahrscheinliche Wirklichkeiten und Dimensionen unterliegen einem freien Willen. Kontinuierliche und stets expandierende Möglichkeiten und Wahrscheinlichkeiten setzen die Existenz eines unbegrenzten, individuellen Prozesses voraus, bei dem einzelne Dinge fokussiert werden können und bei der wir in eine unendlich fortschreitende Schöpfung einbezogen sind. Ein Bewusstsein oder eine Existenz in der Art und Weise, die wir für unsere Zukunft halten, bedeutet ja nicht, dass dies für uns alle dieselbe Zukunft darstellt, die wir in der gegenwärtigen Erfahrung eines individuellen Bewusstseins verwirklichen möchten. Es ist immer nur eine aus einer unendlichen Anzahl von möglichen Zukunftsformen. Auswahl und Entscheidung sind dabei ein vitales Element.

Ein Beispiel dafür, wie wir dieses Verständnis verschiedener Zukunftsmöglichkeiten anwenden können, ist der Umgang mit außersinnlicher Wahrnehmung, mit medialen Durchgaben und anderen, ähnlichen Praktiken mit prädikativem Charakter. Sie sind nichts anderes als ein Erkennen (Original: *reading*) von Wahrscheinlichkeiten. Die Fähigkeit und Fertigkeiten, die vorhanden sein müssen, um einem einzigen Handlungsstrang inmitten einer unbegrenzten Anzahl von Möglichkeiten und Wahrscheinlichkeiten zu folgen, scheint uns einfach überwältigend und gibt uns vielleicht eine Antwort darauf, warum selbst Menschen mit einer sehr guten Hellsichtigkeit und prophetischen Gabe in ihrer Vorausschau häufig daneben liegen. Vielleicht haben sie an einer Weggabelung den falschen Weg eingeschlagen und verfolgt, während das aktuelle, kollektive

Bewusstsein den anderen Weg eingeschlagen hat. Menschen mit dieser Gabe sind vielleicht unterschiedlich gut darin, die wahrscheinlichsten Wege, auf denen sich die Handlungen eines Individuums manifestieren oder die von dem Individuum bevorzugt werden, zu erahnen, sodass ihre Vorhersagen zutreffender zu sein scheinen. Andere wiederum verstehen vielleicht die Intentionen eines Individuums - und können sie deshalb auch besser ablesen in Hinsicht darauf, welche Entscheidungen das Höhere Selbst dieser Person getroffen hat. Sie können dabei mit hoher Wahrscheinlichkeit die bestimmte Intention wiedergeben, der eine Person eine höhere Priorität der Verwirklichung gegeben hat als einer anderen Wahrscheinlichkeit. Es kann also hellsichtige Menschen geben, die vielleicht besser als andere sind, wenn es darum geht, den Weg zu erahnen, den die kumulative physische Bewusstheit der Menschen unserer Zeit dabei ist einzuschlagen, ungeachtet der Intentionen des jeweiligen Höheren Selbst, oder indem sie den Weg erahnen, den das Massenbewusstsein im Moment bevorzugt.

Diese verwirrenden Komplexitäten von wahrscheinlichen und parallelen Wirklichkeiten, die ich im Zustand dieses erweiterten Bewusstseins erlebt habe, deuten ja ganz stark auf das Vorhandensein anderer, alternativer Wahrscheinlichkeiten hin. Die unverletzliche Natur eines freien Willens und die Tatsache, dass jeder Gedanke eine tiefe und weitreichende Bedeutung hat und entsprechenden Einfluss ausübt, legen nahe, dass wir uns vorstellen können, dass schon der einfache Vorgang, jemandem eine Information über seine wahrscheinliche Zukunft anzubieten, den Pfad der unendlichen und unbegrenzten Bewusstseinsmöglichkeiten beeinflusst. Es kann nämlich dazu führen, dass diese Person dann nicht mehr unbefangen die Entscheidung trifft, einem bestimmten Fokus den Vorrang zu geben.

Ich überlasse es hier der Leserin/dem Leser, sich Gedanken über alternative Möglichkeiten und Wahrscheinlichkeiten im Rahmen einer unbegrenzten Anzahl von Möglichkeiten zu machen und werde selbst in Kapitel neun noch einmal darauf zurückkommen.

In meiner Situation war es so: Als ich mit all diesen Überlegungen und Erfahrungen zu einem Ende gekommen war, fokussierte ich einfach nur meine Aufmerksamkeit auf meinen physischen Körper und auf meine Absicht, in diesen zurückzukehren. Dies geht so einfach, als ob wir in unserem physischen Leben vom Lesen dieser Sätze aufblicken und unseren Blick woanders hin richten.

Plopp – und ich bin wieder in meinem Körper.

Ich bin wieder zurück in unserem Geländewagen auf einer Straße im Irak, versengt und blutüberströmt.

9. VOM NUTZBARMACHEN DES UNMÖGLICHEN IM ALLTAGSLEBEN

„Von unserer Warte aus sieht der Fall der Regentropfen ziemlich willkürlich aus. Wenn wir jedoch woanders stehen würden, könnten wir eine Ordnung darin erkennen!"
- Tony Hillerman, Coyote Waits

Unglücklicherweise kann ich hier, in unserer physischen Welt, meinen Körper nicht mit einer Handbewegung heilen, meinen Körper nicht in einem Augen-Blick woanders hinbefördern, nicht einmal die Ziele, Absichten und Interessen meines *Selbst in seiner Ganzheit* in vollem Umfang erinnern. Was auf der Ebene des erweiterten Bewusstseins unglaublich einfach und ganz schnell zu begreifen ist, sieht von unserer Warte des physischen Lebens oft unglaublich komplex und undurchdringlich aus. Aus meiner jetzigen Perspektive ist die Existenz jenseits des Physischen absolut wunderbar, köstlich und seltsam, durchtränkt von grenzenloser Liebe, in hohem Maße erfüllend und euphorisch, einfach und ohne Anstrengungen. Es ist noch mehr als hinreißend - und ganz ehrlich, ich wäre am liebsten dort!

Doch dieses physische Leben ist eine einzigartige Erfahrung und aus der Perspektive des erweiterten Bewusstseins *ist auch das* bezaubernd und hinreißend. Es ist absolut wunderbar, köstlich und seltsam, herausfordernd, wild und erregend. Der rasiermesserscharfe Fokus, der nötig ist, um im kollektiven, physischen Leben zu bleiben, ist für das *Selbst in seiner Ganzheit* äußerst befriedigend. Physische Wirklichkeit ist wie eine Balance-Zirkusnummer, eine Höchstleistung und ein intensiv konzentrierter Geschwindigkeitstest in Bezug auf eine Reihe komplexer Fertigkeiten. Jede(r) von uns ist wie ein Düsenjägerpilot, der in einer Höhe von nur 15 m über dem Erdboden durch eine unglaublich enge Schlucht fliegt. Und jetzt, in der ungewöhnlichen Situation, gerade durch eine Sprengfalle am Straßenrand in die Luft gesprengt worden zu sein, fühlte ich mich als ob ich wie eine Düsenjägerpilotin in einer Höhe von nur 15 m über dem Erdboden durch eine unglaublich enge Schlucht fliegen würde – *aber auf dem Rücken*!

Und doch: Als ich meine Rückkehr ins irdische Leben erwog, noch immer innerlich erschöpft und müde und mir dessen bewusst, dass ich bei einer Rückkehr sofort in einen Zustand eintauchen würde, den man nur als „totales Wrack" bezeichnen konnte, fühlte ich mich angeregt und stimuliert. So frisch, wie all die Eindrücke von dieser Existenzform noch waren: die Leichtigkeit von Zeit und Raum, die Wahrscheinlichkeit alternativer Wirklichkeiten, Erfahrungen als Resultat von Denkvorgängen, freiem Willen und persönlicher Verantwortlichkeit, Heilung allein schon durch die entsprechende Absicht, das Leben als Vergnügen zu sehen, in einem Augen-Blick von Hier nach Da zu reisen, nichts als fest, alles als bewusst, individuell und gleichzeitig als mit allem Eins zu erleben ... so schien mir trotzdem auf einmal eine Konzentration auf das Physische wieder spannend und herausfordernd.

Obwohl ich nur selten diese pure Erregung im Kontext des physischen Fokus deutlich fühle, sind Erinnerungen und Überreste davon jedoch ganz sicher in meinem Gewahrsein als Informationen vorhanden, so wie alle Elemente meiner AKE. Es mag den Anschein erwecken, als ob das Wissen, das während einer AKE erlangt wurde, keine wirkliche Nutzanwendung in unserem Alltagleben hätte. Und doch ist diese Information bereits in die Alltagspraxis eingegangen, ob wir das nun anerkennen oder nicht.

Erweitertes Bewusstsein koexistiert unbedingt in einer physischen Existenz und trägt dort auf konstruktive Weise Informationen bei.

Für den Fall, dass Sie als meine LeserInnen sich etwas betrogen fühlen, weil Sie ein Buch gekauft haben, das von einer Bombenexplosion im Irak handelt und Sie bisher durch den Mangel an Blut und Action enttäuscht wurden, nun, ich werde versuchen, diesem Mangel auf den nächsten Seiten etwas abzuhelfen. Eine Beschreibung der physischen Welt, in die ich zurückkehrte, um wieder aktiv an allem teilzunehmen, scheint mir ein guter Ausgangspunkt zu sein, um die Anwendung und den Nutzen eines erweiterten Bewusstseins im physischen Leben zu demonstrieren – und scheint auch ein guter Ansatz zu sein, um dieses Buch zu beenden.

Im Folgenden finden Sie den gesamten Text, den ich als meine persönliche Übungsaufgabe niedergeschrieben habe, um meine Erinnerung während der Zeit, in der ich noch Patientin im *Walter Reed Army Medical Center* war, wahrheitsgetreu und wahrhaftig zu halten. Dies also ist die physische Welt, in die ich zurückkam:

Ich hatte gerade meine Augen geschlossen, mit einer Hand stützte ich meinen Kopf und den Ellbogen hatte ich auf die Armlehne gelegt. Ein langer Tag mit Baustellenbesuchen lag hinter uns und jetzt waren wir nur noch wenige Minuten von unserem Basislager entfernt. Schon seit einiger Zeit hatte ich nicht mehr darauf geachtet, was außerhalb des Fahrzeugs passierte und wie weit wir vom Rest der Sicherungsfahrzeuge unseres Konvois entfernt waren. Dieses Team schien zwischen unseren Fahrzeugen einen Abstand von ca. einem halben Kilometer einzuhalten und ich hatte auch die Eskorte der irakischen Polizei schon einige Zeit nicht mehr gesehen. Da ich die beiden Security-Männer auf den Vordersitzen unseres Fahrzeuges nicht kannte, hatte ich auch nicht mit ihnen gesprochen. Einige dieser Leute ziehen es ohnehin vor, ihre gesamte Aufmerksamkeit auf die Umgebung zu richten. Sie sprachen auch untereinander nicht und deshalb ging ich davon aus, dass auch Fragen oder Kommentare meinerseits nicht willkommen waren. Das Team kommunizierte untereinander durch Headset-Kopfhörer, was eine besonders langweilige Art zu reisen ist, wenn man auf dem Rücksitz eines gepanzerten Land Cruisers sitzt und von dem Austausch der hyperaufmerksamen Securityleute abgeschnitten ist, die sich untereinander u.a. durch eine Vielzahl von Warntönen informierten. Als Passagier war ich längst an dem bekannten Punkt angekommen, an dem man in absolute Langeweile verfallen ist.

Alles was ich hörte, war ein „PLOPP"... ein Geräusch, als wäre in einigen hundert Meter Entfernung eine Sektflasche geöffnet worden. Oder so, als ob man über Microsoft ein neues Fenster im PC öffnet. Ein Fingerschnippen auf der anderen Seite des Büros.

Ich kann mich lebhaft daran erinnern, dass ich einen langen tiefen Atemzug machte – mehr einen Seufzer, der einen *inneren* Seufzer widerspiegelte. Ich dachte: *Shit*.
    Innerlich war ich erschöpft, ermüdet von langen Arbeitstagen, verbracht mit dem Versuch, einen neuen Projektmanager einzuarbeiten, während ich gleichzeitig meine anspruchsvollen Arbeitsaufgaben erledigen wollte, nachdem ich gerade zwei nur ungenügend lange Erholungswochen verbracht hatte. Und jetzt wollte ich gewiss keine harte Arbeit und nichts, was eine besondere Anstrengung erforderte. Ich wollte nur ausruhen.

Pech

Ich sagte mir selbst: *einfach weitermachen*!
Ich öffnete meine Augen.

Ich konnte mit meinem rechten Auge nichts mehr sehen, das Auge, das meine Hand abgedeckt hatte, als ich mich dem kurzen Schlaf hingegeben hatte. Mit meinem linken Auge war alles in Ordnung. Ich legte beide Hände in den Schoß. Beide waren blutbedeckt. Was für eine schöne, satte und lebendige Farbe, dachte ich, dieses scharlachrot. Ich nahm die rechte Hand wieder hoch, um mein Auge damit zu bedecken.

Die Innenseite des Land Cruisers sah angesengt aus, gesprenkelt mit Brandlöchern oder was auch immer in einem selbstgebauten Sprengsatz enthalten sein mag, das diesen schwarzen Belag, wie verbranntes Toastbrot, hinterlässt. Überall war Blut. Ich schaute hinüber zu Ben (Kollege) und rief seinen Namen und gleichzeitig bemerkte ich ein Loch in Höhe seiner Hüfte. Es war die Stelle, wo eigentlich die Beinarterie verlaufen sollte – aber er blutete nicht. Vielleicht ist ja die Arterie gar nicht verletzt worden, dachte ich, gleichzeitig wissend, dass dies unmöglich war.

Ben stöhnte laut. *„Shit"*, sagte er, *„oh, shit!"* Er bewegte seinen Körper ein wenig, beugte sich nach vorne und wieder zurück, antwortete jedoch nicht auf meine Stimme. Ich berührte seinen Arm, aber er sah mich nicht an.

Er kann mich nicht hören, dachte ich. *Er ist in Panik. Lass ihn in Ruhe.*

Wir alle saßen aufrecht auf unseren Sitzen, das Fahrzeug rollte noch ein Stück weit geradeaus die Straße entlang. Ben hatte aufgehört zu stöhnen und es war auf einmal totenstill.

Das Fahrzeug war noch gefühlte einige hundert Meter weiter gerollt und machte dann von selbst einen perfekten und lautlosen Bogen nach rechts, die Straße verlassend, und kam dann im schmutzigen Sand zum Stehen. Ich konnte zwar nicht beobachten, dass sich Ian (unser Fahrer) bewegt hatte, aber es fühlte sich alles so kontrolliert an, dass ich davon ausging, dass er bei Bewusstsein war und gelenkt hatte.

Der Land Cruiser stoppte.

Ich legte meine rechte Hand wieder auf mein Bein und schaute sie mir genau an: die Haut auf dem kleinen und dem Ringfinger hing komplett in Fetzen. Sie war zwar noch da, jedoch übersät mit kleinen Löchern, so dass es aussah wie eine Käsereibe. Die anderen Finger waren nicht so beschädigt, obwohl die ganze Hand blutig war.

Es fühlte sich so an, als ob alles sehr langsam ablief und wenn ich jetzt diesen Moment noch einmal durchlebe, dann erinnere ich immer noch, wie langsam und entspannt diese Zeit wirkte. Wichtig war, genau wahrzunehmen, wie die Dinge aussahen und was zu hören war, um den Status dieser neuen Situation beurteilen zu können. Zusätzlich zu den Verletzungen von Auge und Hand waren auch meine Hosenbeine blutgetränkt, obwohl ich von außen keine Löcher sehen konnte. Beine und Füße konnte ich spüren – und sie waren noch da. Optimistisch kam ich zu der Annahme, dass das Blut von jemand anderem sein müsse.

Da sich von den anderen keiner bewegte, fühlte ich mich veranlasst, etwas zu tun. Ich begann also, mich in Richtung der Mittelkonsole zu bewegen. Mein rechtes Handgelenk funktionierte jedoch nicht richtig. Ich gab es also auf, den rechten Arm zu benutzen und bedeckte mit der Hand wieder mein Auge. Ich war in einem Zustand, in dem ich mich bei vollem Bewusstsein fühlte, jedoch alles in Zeitlupe ablief. Indem ich mich jetzt mit der linken Hand abstützte, manövrierte ich mich in eine Lage, um im Fahrzeug nach vorne sehen zu können. Ich hielt Ausschau nach dem Funkgerät – aber es war nicht mehr da. Vielleicht war das nicht schlimm, von den anderen Fahrzeugen aus musste man ja beobachtet haben, dass es bei uns eine Explosion gegeben hatte. Und selbst wenn es niemand gesehen hätte, würde der Ausfall unseres Sprechfunks sofort auffallen. Außerdem mussten sie die senkrecht aufsteigende schwarze Rauchwolke bemerken. Es würde also bald jemand bei uns sein und die Basis wüsste auch Bescheid.

Ich zog an dem Verbandskasten, der sich neben Marks Füssen befand, aber seine Beine versperrten den Weg. Ich hatte keine Kraft, sie wegzuziehen und gab auf. Dann versuchte ich Marks Gewehr zwischen dem Verbandskasten und seinen Beinen zu erreichen, aber auch das war eingeklemmt. Ich bin mir nicht mehr so sicher, ob ich wirklich versucht hatte, sein Gewehr in die Hand zu bekommen Vielleicht, vielleicht auch nicht. In diesem Moment war das auch keine Priorität, bewaffnet zu sein, denn ich hörte keinen Schusswechsel und auch keine weiteren Explosionen, die auf einen koordinierten Angriff hätten schließen lassen. Auch war ich mir sicher, dass der Rest des Konvois uns ganz schnell zu Hilfe kommen würde.

Ich schaute zu Mark und Ian in den Vordersitzen hinüber, lange genug um festzustellen, dass sie, wie Ben und ich, nicht am verbluten waren. Aber waren sie bei Bewusstsein? Waren sie verletzt? Ich wußte es nicht, konnte mich darauf nicht konzentrieren. Vielleicht wollte ich es auch nicht wissen.

Ich löste Ians Sicherheitsgurt in der Hoffnung, dass er so leichter geborgen werden könne, wenn endlich das Team zu Hilfe käme. Ich erinnere mich nicht daran, auch Marks Sicherheitsgurt gelöst zu haben – und vielleicht war es auch anders herum. Und dann sagte ich zu mir, *denk daran, auch Bens Gurt zu lösen...* Dann lehnte ich mich wieder in meinen Sitz zurück und schaute aus dem Fenster. Ben hatte ich vergessen.

Das Glas war wie mit einem Film überzogen. Über dem ohnehin schon dicken Panzerglas machte es dieser Film noch schwieriger, etwas von dem zu sehen, was draußen vor sich ging und ohne meine Brille konnte ich auch mit dem verbliebenen linken Auge nicht gut sehen. Es frustrierte mich, dass es ausgerechnet das rechte Auge war, das den Treffer abbekommen hatte – denn es war das Auge mit der besseren Weitsicht. Mein linkes Auge war kurzsichtig. Ich musste also meinen ganzen Körper drehen, um ein verschwommenes Bild von dem zu bekommen, was hinter unserem Fahrzeug war. Ich sah kein anderes Fahrzeug, nur Wüste.

Wieder schaute ich zu Ben hinüber. Er schien bewusstlos zu sein, ich sah aber kein Blut. Nun erschien das Gesicht eines Irakers auf Bens Seite. Der Mann war in Uniform, also war er einer von unserer irakischen Polizeieskorte. Seine Augen wurden groß, als er mich anschaute.

„Hilfe!" schrie er, und schaute hinter unser Fahrzeug.

„*Das Team hat uns also endlich erreicht*" dachte ich. Wieder schaute er mich mit diesen großen, verschreckten Augen an und verschwand dann.

Und wieder sah ich auf meine Beine herunter, die Tarnhose blutgetränkt. Ich betrachtete wieder meine rechte Hand, wie die Haut dort von meinen Fingern hing.

Ich hörte einen Ruf und dann öffnete sich Bens Autotür. Es war Jack, der sich in das Fahrzeug hineinbeugte, um uns in Augenschein zu nehmen. Auch ich beugte mich ein wenig nach vorne und sagte ihm „Ich bin ok, aber kümmere dich um Ben, sein Bein sieht böse aus."

„Bist Du ok?" fragte Jack.

„Ja" sagte ich ihm, „kümmere dich zuerst um die Anderen – ich bin ok, aber Bens Bein sieht böse aus."

Nach Jack kamen andere Männer aus dem Team. Jemand schnitt Bens Gurt durch was mich daran erinnerte, dass ich das vergessen hatte. Man holte Ben heraus und legte ihn auf den Boden.

Ian kam als Nächster dran. Die Männer hoben ihn aus dem Vordersitz und ich konnte nicht sehen, wohin sie ihn brachten. Ich versuchte aus dem Fenster zu schauen, um festzustellen, wo die anderen Fahrzeuge standen und wo wir waren, aber alles, was ich sehen konnte, war ein Stück nackte Wüste und ein Land Cruiser, der sich nicht bewegte. Keiner der Männer war in Sicht.

Nun wurde meine Tür geöffnet und Jack fragte „Bist Du ok, Nat?"

„Ja, ich bin ok" sagte ich ihm.

„Lass mich mal nach Deinem Auge sehen" sagte er „tu Deine Hand da weg."

Ich ließ also meine rechte Hand sinken und beobachtete seinen Gesichtsausdruck, der sich jedoch nicht veränderte. Ich dachte bei mir, dass das möglicherweise nichts Gutes bedeutete, aber da er keine Entsetzensschreie ausstieß, hoffte ich, dass das Auge noch da war. Das herauszufinden war jedoch auf einmal keine Priorität mehr und mein Denken beschäftigte sich mit dem Nächstliegenden. Jack berührte mein Gesicht und zog die Überreste des Rahmens meiner Sonnenbrille aus meinen Augenbrauen – es fühlte sich an, als ob diese in meine gefühllose Haut eingebettet gewesen wären, als er sie herauszog. „Ok" sagte er und gab mir ein Verbandpäckchen „Hier, halt das da drauf."

Er half mir beim Aussteigen. Als ich mein Gewicht auf den rechten Fuß verlagerte, stolperte ich und Schmerz stieg von meiner Ferse auf.

„OK?" fragte er wiederum.

„OK!" sagte ich, „es ist nur meine rechte Ferse." Ich hüpfte vorwärts, indem ich mein Gewicht auf die Zehen des rechten Fußes verlagerte. Auf diese Weise ließ sich der Schmerz vermeiden.

Er half mir in das Zentrum eines Kreises, der aus den anderen Fahrzeugen gebildet worden war und wies mich an, mich hinzulegen und meinen Helm abzunehmen, was ich dann auch tat.

Ich legte meinen Kopf also in den Wüstensand und entspannte mich, während ich mich gleichzeitig fragte, wo die anderen Männer denn wohl alle waren. Es tat mir gut, dort einfach nur zu liegen. Es fühlte sich gut an, den Boden zu spüren, den warmen Wüstensand und Kiesel. Ich atmete die warme Luft tief ein und schaute in den blauen Himmel. Die heiße Sonne drang durch meine Kleidung, was ich sehr angenehm fand. Ich fragte mich, warum man mir vor Mark aus dem Fahrzeug geholfen hatte, denn ich hätte doch gut noch warten können. Ich war doch bei Bewusstsein und blutete nicht. Ich fragte mich, ob sie das nur gemacht hatten, weil es ihre Verantwortung war, mich zuerst zu versorgen oder was sonst. Ich war froh, dass sie vor mir schon Ian geholfen hatten. Und alles war so ruhig und still, dort, wo ich war.

Es vergingen einige Minuten, bevor jemand kam, um mich abzuholen. Wieder wunderte ich mich, wo denn bloß alle Leute waren – *ein Team von mindestens einem Dutzend Männern, die irakische Polizeieskorte* – wo waren die denn bloß alle? Ich fragte mich, ob sie vielleicht mit Ben, Ian oder Mark beschäftigt waren, oder mit dem Funkverkehr... In diesem Moment ging mir durch den Kopf: ich sollte eigentlich von all diesen Aktivitäten etwas sehen können – und konnte mir nicht erklären, warum alles so still und ruhig war.

Ein Mann half mir, zu einem anderen Land Cruiser zu hüpfen, wo er mich auf den Rücksitz legte. Meinen Helm hatte ich vergessen, er blieb im Wüstensand liegen.

Die meisten Männer des Teams kannte ich vom Sehen her und doch achtete ich nicht darauf, wer mir gerade half. Ich fühlte mich in guten Händen, bei kompetenten Männern, die mir halfen. Aus was für einem Grund auch immer war Jack der einzige Mann, an den ich mich während des Ablaufs des Events genau erinnerte, und er war auch das einzige Teammitglied, mit dem ich, meiner Erinnerung nach, gesprochen hatte.

Ich weiß noch, dass ich dachte: *diese armen Jungs*, weil ich argwöhnte, dass die anderen Männer dieses Teams, diejenigen, die ich nicht sehen konnte, eine schwierigere Aufgabe zu bewältigen hatten, um mit dieser Situation fertig zu werden. Mir war klar, dass sie noch eine ganze Zeit lang in diesem Land weitermachen müssten, immer im Bewusstsein eines hohen Risikos, jetzt aber intensiviert durch die Erinnerung an den heutigen Tag, an dem sie nach einer Bombenexplosion Menschen helfen mussten, die übel dran waren. Sie wären immer noch im selben Umfeld, aber ihre Emotionen und ihr Denken wären verändert. Ich hingegen wäre erstmal eine ganze Weile mit meiner Heilung beschäftigt. Ich könnte mich mit etwas Neuem beschäftigen, in einer ganz anderen Umgebung und ganz in Anspruch genommen durch den jeweiligen Moment – wie schlecht die Lage auch sein mochte. Ich hätte die Jungs gerne wissen lassen, dass ich OK war und sie alles richtig machten, alles, was möglich war. Ich sagte zu mir selbst, dass ich, wenn sich mein Zustand erst einmal stabilisiert hätte und ich im Walter Reed Hospital angekommen wäre, einen Weg finden müsse, um ihnen zu sagen, wie dankbar ich war, wie sehr ich ihre Arbeit respektierte und wie gerne ich mit ihnen an diesem Tage und in den vergangenen fünfzehn Monaten zusammen gearbeitet hatte.

Ian saß auf einmal neben mir in dem Fahrzeug, in das man uns gebracht hatte. Wir sahen einander an. Er signalisierte mir etwas, aber ich verstand es nicht. Er wiederholte die Geste, die etwas mit meinem oder mit seinem Auge zu tun hatte oder mit dem Verbandspäckchen, das ich an mein Auge drückte. Ich schüttelte den Kopf, verwirrt wie ich war. Er versuchte es wieder. Ich verstand es nicht. Ich drehte mich weg und schaute aus dem Fenster vor lauter Frust. Aus irgendeinem Grund war es mir peinlich, weil ich nichts verstand.

Ich kann mich nicht mehr daran erinnern, warum wir nicht einfach miteinander gesprochen haben, warum ich ihn nicht angesprochen habe. Ich denke, dass er mit der Zeichensprache angefangen hatte und weil er nichts sagte, folgte ich einfach seinem Beispiel. Heutzutage scheint mir das absurd. *Hey Ian, was machen wir?* Heutzutage amüsiert mich die Erinnerung daran: zwei Menschen, die einwandfrei miteinander hätten sprechen können, signalisierten einander unverständliche Botschaften... *was machten wir bloß?* Ich kann mir nicht helfen, aber jetzt, während ich dies schreibe, muss ich darüber lachen.

Ich starrte also aus dem Fenster, frustriert, verärgert durch meine Unfähigkeit zu verstehen, was er mir bedeuten wollte. Noch immer konnte ich draußen niemanden sehen – nur eine Reihe von unbeweglichen Land Cruisern. Keine Männer, keine Bewegung. Nichts passierte. Nur Wüste und die Fahrzeuge. Wüste und Himmel.

Es fühlte sich an, als ob wir da eine lange Zeit einfach nur gesessen hätten. Nachher wurde mir klar, dass es höchstens fünf Minuten gewesen sein können. *Was ist denn jetzt dadurch erreicht worden?* dachte ich, als ich so auf die Wüste sah. Was hat sich denn jetzt für uns alle verändert, nachdem man uns in die Luft gesprengt hat? Was hat man damit erreicht oder welches Problem gelöst? Nichts! Es ist alles absolut leer. Dies ist das Gefühl, wenn man merkt, dass Gewalt zutiefst sinnlos ist.

Das Funkgerät war angeschaltet: ...„Wir haben zwei Oberflächliche und zwei in kritischem Zustand," sagte jemand.
Ich weiß noch, dass ich dachte, *Mark muss der andere in kritischem Zustand sein*.

„Korrektur... zwei Oberflächliche, einer in kritischem Zustand!" sagte die Stimme unmittelbar darauf.
Und ich wusste, dass Mark gestorben war.
Ich kann mich nicht mehr erinnern, warum ich sofort wusste, dass es Mark war. Es hätte ja auch Ben sein können? Dessen Oberschenkelarterie war schließlich verletzt. Aber ich wusste, es war Mark.

Auch begann ich mich zu fragen, ob ich auf dem rechten Auge blind sein würde. Und ob das irgendeinen Vorteil haben könne, denn ich erinnerte mich auf einmal an einen Traum, den ich hatte, nachdem meine Großmutter gestorben war. In dem Traum war sie blind. Und trotzdem malte sie wunderbare Bilder und sagte mir mit sehr intensiver Stimme: „Natalie, Du brauchst keine Augen, um zu sehen!"
Wenn das eine Auge physisch erblindet wäre, könnte ich vielleicht andere Welten klarer sehen. Ich fand diesen Ge-

danken ganz spannend, dachte aber dann, dass ich beides tun könnte, so wie schon oft zuvor – andere Welten vor meinem geistigen Auge sehen und die physische Welt durch das eine, gesunde Auge – und das war, was ich wollte.

Jack öffnete die vordere Tür des Fahrzeugs, in dem Ian und ich saßen. Er nahm das Funkgerät und wir konnten mithören, dass der Hubschrauber zu uns unterwegs war, uns aber nicht finden konnte. Es war anscheinend nicht möglich, direkt zu kommunizieren, also mussten die Männer erst mit der Basis sprechen und die gab die Botschaft dann weiter an den Hubschrauber. So ist das, wenn Dinge kompliziert werden. Wenn der Helikopter uns nicht finden könnte, bräuchten wir doch nur zur Basis zu fahren. Ich wollte das aber nicht. Ich wollte nicht weitere fünfzehn Minuten auf der Straße verbringen und die ganze Zeit daran denken, wie schlimm es denn wohl um mein Auge stünde. Ich wollte, dass sich jemand um meinen Körper kümmert und dann voran, voran, voran. Ich sehnte den Medevac-Helikopter (Medical-Evacuation-H.) herbei.

Ich befahl mir selbst, mit dem Jammern aufzuhören. Wenn wir fahren müssten, dann wäre das in gewisser Weise auch interessant.

Dann hörten wir den Heli über uns fliegen.

Jack schrie in das Funkgerät: „Sie sind gerade über uns hinweg geflogen! Sie flogen vorbei!"

„Schreien Sie nicht!" antwortete eine ruhige weibliche Stimme. „Versuchen Sie, ruhig zu bleiben."

„Ich schreie nicht!" brüllte Jack in sein Funkgerät.

Ich musste grinsen – es war einfach zu klassisch!

„Lassen Sie den Helikopter umdrehen!" rief er jetzt etwas sanfter in das Mikrofon. „Wir zünden eine Rauchpatrone. Sagen Sie dem Piloten, er solle die Straße zurück fliegen und nach uns Ausschau halten – alle Fahrzeuge stehen am Straßenrand." Er sagte noch, auf welcher Straßenseite und welche Farbe die Rauchpatrone hätte – irgendwas.

Endlich hatte Jack eine direkte Kommunikation mit dem Hubschrauber, denn ich meine mich zu erinnern, dass ich auf einmal die Stimme des Piloten aus dem Funkgerät hörte. Endlich kamen die Dinge in Bewegung. Jack sprang aus dem Fahrzeug und dann konnte ich sehen, wie eine Staubwolke aufwirbelte und Männer hin- und her rannten. Nach wenigen Minuten wurde meine Tür geöffnet und zwei Männer halfen mir beim Aussteigen, indem sie sich meine Arme um die Schultern legten.

Vielleicht habe ich aufgeschrien. In meinem rechten Handgelenk spürte ich einen scharfen Schmerz, als der Mann zu meiner Rechten sich meinen Arm um die Schulter legte. Das hielt uns aber nicht auf. Sie rannten mit mir zum Hubschrauber, wo ein Sanitäter mir an Bord half.

„Wie geht es Ihnen?" fragte er mich.

Ich lächelte. „Ich hatte schon bessere Tage", gab ich zu. Er grinste ein wenig.

Im Heli legte man mich auf eine Tragbahre. Jemand schnitt mein linkes Hosenbein auf, das stärker blutgetränkt als das andere war… Ganz genau kann ich mich nicht mehr erinnern.

Ich genieße Helikopterflüge und war neugierig zu sehen, wie das Innere eines Medevac-Hubschraubers aussieht. Doch dann pumpten sie mich derart mit Morphium voll, dass ich mich an nichts mehr erinnern kann.

Zu blöd.

Unter meinen Verletzungen waren ausgebrochene Zähne (einige von ihnen hatten den schnellen Ausgang durch meine Backe hindurch gewählt), meine Ferse, die durch einen Schrapnellsplitter gebrochen war; ein weiterer Schrapnellsplitter steckte in meinem Bein, ein gebrochenes Handgelenk, ein zerschmetterter Unterarm (Elle und Speiche), die rechte Hand übersät mit Schrapnellsplittern, ein Loch in meinem Schädelknochen, das ein Stück der frontalen Hirnmasse freilegte, ein Schädelbruch (ist das nicht redundant?), Schrapnellsplitter in beiden Augen, in meinem Gesicht und in der Stirn, Verletzungen in Form eines stumpfen Traumas in einem Auge (was schließlich zu einer retinalen Ablösung führte) und Brüche von allen Knochen auf der rechten Seite meines Kopfes.

Ein verschreckter Sanitäter teilte einem Freund mit, dass meine Hand in so einem schrecklichen Zustand sei, dass sie wahrscheinlich nicht mehr zu gebrauchen wäre und überhaupt sei es fraglich, ob ich mit diesem Loch im Kopf überhaupt eine Überlebenschance hätte. Wie ich dem Sanitäter im Heli schon gesagt hatte: Ich hatte schon bessere Tage!

Das Auftreten von erweitertem Bewusstsein, das mit dem wenigsten Aufwand verbunden ist, setzt zweifellos dann ein, wenn wir bewusstlos sind. Unsere Kultur hat uns beigebracht, dass Intuition nichts anderes als reine Einbildung ist, dass Zufälle ganz willkürliche Erscheinungen sind und Momente der Inspiration aus dem Unterbewusstsein stammen, indem auf unerklärliche Weise einige neue Verbindungen geschaffen werden. Nennen wir es Instinkt, Intuition oder eine Führung des Unterbewussten – ich betrachte diese Momente als Kommunikation: das *Selbst in seiner Ganzheit* hat damit einen klaren Weg durch einen vielbeschäftigten, von Glaubensvorstellungen und Konditionierungen durchsetzten, bewussten Geist hindurch gefunden. Ein erweitertes Bewusstsein kommuniziert jedoch fortwährend mit den Wahrnehmungsmöglichkeiten des bewussten Denkens. Wie könnte es denn auch anders sein? Ich bin doch zu gleicher Zeit ein einerseits fokussiertes wie auch ein erweitertes Bewusstsein. Und ich bin *eine* Person.

Nach der Lektüre der vorhergehenden acht Kapitel sind spezifische Beispiele für ein erweitertes Bewusstsein in meinem Bericht über das, was sich nach der Explosion ereignet hat, ganz offensichtlich. So wusste ich zum Beispiel sofort, bevor ich auch nur meine Augen geöffnet hatte, dass ein Sprengsatz am Straßenrand explodiert war und dass die Auswirkungen bei allen Beteiligten davon schwerwiegender waren, als nur ein paar Kratzer (ein Phänomen, das öfters zu beobachten ist als wir uns das vorstellen können). Ich wusste, dass es Mark war, der gestorben ist, obwohl es auch Ben hätte sein können, denn seine Verletzung hatte die Arterie nur um Zentimeter verfehlt. Auch wusste ich instinktiv, dass ich überleben und mich wieder erholen würde – nicht in der Form, in der ich vor dieser Situation gewesen war, aber in einer ganz brauchbaren Variante meines früheren Selbst. Nicht einen Moment war mir der Gedanke gekommen, dass meine Hand nicht mehr zu gebrauchen sein würde oder ich an der Kopfverletzung auch sterben könne. Anstatt nun diese und andere spezifischen Aspekte meiner Erfahrung auseinanderzunehmen und damit möglicherweise die Fähigkeit meiner Leser geradezu zu beleidigen, diese Details mit den Gedanken zu verknüpfen, die ich bereits in diesem Buch präsentiert habe, ziehe ich es vor, mich auf einen Teilbereich dieses Vorkommnisses zu konzentrieren, der beschreibt, was ich für einen der interessantesten Aspekte eines erweiterten Bewusstseins halte: das Mysterium, warum ich nicht imstande war, am Ort des Geschehens irgendjemanden zu sehen außer den Männern, die direkt mit mir zu tun hatten. Schließlich waren dort mehr als zwanzig bewaffnete Männer anwesend. Einige bewachten die Umgebung, andere bewegten sich im engsten Umkreis, als sie sich um Ben, Mark und Ian kümmerten. Man hat mir später erzählt, dass auch etliche irakische Zivilisten ihre Autos angehalten hätten und sich neugierig gaffend die Szene ansahen. Einer dieser irakischen Zivilisten hatte sogar versucht, in unseren Sicherheitskreis einzudringen, was unseren Wachleuten und Kollegen ein paar angespannte Momente beschert hatte.

Und während ich, wie schon beschrieben, mich immer wieder umgesehen hatte, um festzustellen, wer gerade womit beschäftigt war, hatte ich keinen von all diesen Menschen gesehen, sofern sie nicht direkt mit mir auf irgendeine Weise interagierten. Wenn ich jetzt diesen ganzen Vorfall von der Warte eines erweiterten Bewusstsein aus betrachte, dann ist es so, als ob ich multiple Szenen beobachtet hätte, die miteinander verknüpft und in mehreren Schichten übereinander angeordnet waren. Alle Menschen dieser Szene agierten aktiv auf der Ebene ihrer jeweiligen, eigenen Realitätswahrscheinlichkeiten, indem sie sich manchmal mit den jeweils gewählten Verhaltensweisen anderer Menschen verbanden, dann aber wieder in ihre eigenen, separaten Erfahrungsebenen zurückkehrten, mal verbunden mit Kleingruppen, mal mit der gesamten Gruppe, und sich dann wieder trennten. Augenblicksentscheidungen werden dabei von unseren *Selbsten in ihrer Ganzheit* (Original: *Whole Selves*) getroffen; instantane Kombinationen und kooperative Vereinbarungen wurden eingegangen, dann wieder aufgegeben und in wieder anderen Kombinationen neu formiert. Die gesamte Szene ist extrem fluid und komplex und doch bewegen sich die Dinge geschmeidig und in einer geradezu seltsam feinen Harmonie. So wie die physikalische Zeit fortschreitet, beginnen diese Kurzzeitvereinbarungen Koalitionen zu bilden, indem sie immer mehr Menschen in einer choreografierten Interaktion zusammenbanden, bis zu dem Moment, an dem der Hubschrauber eintraf und jedermanns Aktionen sich in einer Symphonie eines kollektiven Fokus verbanden. Erst zu diesem Zeitpunkt interagierten die Einzelaktionen direkt mit denen der anderen Beteiligten und verfestigten damit in gewissem Sinne eine ganz bestimmte Version einer kollektiven Erfahrung.

Dies ist ein schwieriges Konzept, weil es so absolut fremd ist für die Standardglaubensformen und Grundannahmen, die unsere normale Wahrnehmung strukturieren. Eine Illustration könnte helfen zu verstehen, wie ich Geschehnisse wahrnehme. Vielleicht erinnern einige LeserInnen eine klassische Situation in Fortbildungskursen für kreatives Schreiben, in denen man die

Studenten auffordert, einen kurzen Artikel aus der Zeitung auszuwählen und diesen in einen ausführlicheren Text voll schriftstellerischer Vorstellungsmöglichkeiten umzuschreiben und somit eine Hintergrundgeschichte für die jeweilige Nachricht zu erfinden. Der Student erfindet jetzt also den Rahmen der Geschichte, arrangiert die Szenen, erschafft dreidimensionale Persönlichkeiten für seine Charakterbeschreibungen und erzählt eine ganze Handlungsgeschichte, die schließlich mit der Information in dem kurzen Zeitungsartikel übereinstimmt. Für unseren Zweck hier stellen wir uns vor, dass wir zwanzig Studenten den folgenden Zeitungsartikel vorlegen:

Zwei Zivilangestellte der US-Army und ein Security-Mitarbeiter wurden heute durch einen Sprengsatz im Südirak schwer verletzt. Ein weiterer Wachmann wurde dabei getötet. Das Fahrzeug, in dem die vier unterwegs waren, war Teil eines Konvois aus vier Fahrzeugen, der besonders bewacht war und auch durch die irakische Polizei begleitet wurde. Die Verletzten wurden auf dem Luftweg zum Luftwaffenstützpunkt nahe der Stadt X geflogen, wo man sie gesundheitlich stabilisierte, bevor man sie nach Balad, Irak, zur weiteren Behandlung und Notfallchirurgie transportierte und sie schließlich in ein amerikanisches Militärhospital in Deutschland ausflog.

Um dies zu illustrieren, lassen Sie uns annehmen, dass alle zwanzig Studenten für wenigstens sechs Monate selbst im Süden des Irak gearbeitet haben, entweder als Zivilangestellte der Regierung oder als Angehörige eines Sicherheitsdienstes. Das soll sicherstellen, dass jeder dieser kreativen Schreiber mit allen anderen wenigstens Basisinformationen darüber teilt, was die geografischen Umstände und das gesamte Umfeld betrifft, was Private Sicherheitsdienste sind, wie sie arbeiten und mit welchen Fahrzeugen, was die Standardverfahren eines Teams im Falle einer Notlage sind und viele andere nützliche Dinge. Selbst auf der Grundlage solch gemeinsamer Informationen wird es in den zwanzig Berichten sehr wahrscheinlich neben einigen überraschenden Übereinstimmungen und Überschneidungen weit auseinandergehende Schilderungen und Versionen in Bezug auf das Vorgefallene geben.

Und nun stellen Sie sich vor, dass all diese ganz unterschiedlichen Geschichten, die die kreativen Studenten geschrieben haben, ausagiert werden – und zwar alle zur gleichen Zeit und auf derselben Bühne. Jede dieser zwanzig Geschichten hätte ein vollständiges Set von Schauspielern/Akteuren, sagen wir, je dreißig Personen. Außer den vier Hauptpersonen gäbe es also zwei Zivilangestellte der Armee, einen Feldwebel der US Army Reserve, einen US Navy Reserve Kommandeur, zehn Männer der Security und zwölf irakische Polizeibeamte. Zwanzig Geschichten, multipliziert mit dreißig Personen, macht zusammen 300 Akteure auf der Bühne. Um es für Sie etwas einfacher zu machen, die Leichtigkeit zu verstehen, mit der ich die Handlung und den Ablauf des wahren Vorfalls wahrgenommen habe, hilft es vielleicht, sich die Schauspieler auf der Bühne als Geistwesen vorzustellen. Denn diese sind feinstofflich genug, um sich durch solide Objekte hindurch bewegen zu können, einander eingeschlossen.

Alle zwanzig kreativen Geschichten beinhalten die beiden Szenen, die im ursprünglichen Zeitungsartikel beschrieben wurden: den Moment der Explosion und die Luftevakuierung. Abgesehen von diesen Grundfakten variieren die Geschichten. Und doch werden in diesen unterschiedlichen Wiedergaben gewisse Überschneidungen auftreten, manche bei drei, bei acht oder bei sechzehn der Texte. Der einzige Moment, an dem der Geist von einem der Autoren mit einem anderen Geist interagiert, tritt dann auf, wenn diese beiden Texte (oder sechs oder siebzehn Texte) eine fast identische Situation innerhalb der Szene beschreiben.

Anderenfalls bewegen sich die Akteure auch durch die anderen Spieler hindurch, wobei jede Gruppe ihren Part aufführt, ohne eine Interferenz mit den anderen. Sagen wir zum Beispiel, dass vier Texte fast identisch beschreiben, wie das explosionsgeschädigte KFZ die Straße herunterrollt, bis er schließlich in der Wüste zum Stehen kommt. Stellen Sie sich vor, dass sechzehn Wiedergaben fast identisch beschreiben, wie die anderen Fahrzeuge sich um das getroffene herum gruppieren, und in sieben Wiedergaben kommt die Szene vor, wie der Teamleader eine der Türen des betroffenen Fahrzeugs öffnet.

Wenn man alle möglichen Varianten von Überschneidungen und nicht-Überschneidungen der Handlungsstränge der 300 Akteure berechnet, käme man auf eine astronomisch hohe Zahl von möglichen Überschneidungen und Abweichungen.

Im Rahmen der komplexen Matrix, in der sich die Geistwesen (Original: *ghosts*) bei überschneidenden Aktionen begegnen, muss auch Raum und Zeit beachtet werden, wobei also fast identische Aktionen einmal zehn Minuten nach der Explosion angesetzt werden und einer anderen Geschichte nach in vierzehn Minuten. Man muss hier annehmen, dass sich die Geistwesen bei dieser Überkreuzung in einer Weise begegnen, als ob es keine Zeitdifferenz gäbe. Und um die Dinge jetzt noch ein wenig mehr zu komplizieren, stellen wir uns vor, dass in einem Text eine Handlung von Personen A, B und C ausgeführt wird, während ein anderer dieselbe Aktion von den Personen B, D und Z ausführen lässt.

All diese Aktionen, die von den Texten geteilt werden, werden auf der von allen Geistwesen bevölkerten Bühne wie Konvergenzpunkte aussehen, wobei die Handlungen plötzlich in einer Ecke der Bühne konvergieren, wieder auseinanderfließen und sich in einer anderen Ecke neu zusammenstellen.

Aus der Perspektive eines physischen Bewusstseins müsste dieses Geschehen absolut chaotisch und zunehmend unverständlich und nicht nachvollziehbar erscheinen. Und doch hat jede Aktion aus jedem der Texte seinen Sinn. Es herrscht in jeder Szene eine Ordnung. Als die Luftevakuierung losgeht, beginnen sich all diese unmöglich komplexen, sich hier überschneidenden und dort getrennten Handlungsstränge in der übereinstimmenden Beschreibung der Evakuierung als einer mehr oder weniger kollektiven Interaktion zu vereinen.

Und auch in diesen werden wieder Details differieren – ein gutes Beispiel für die *fortlaufende* Exploration wahrscheinlicher, alternativer Wirklichkeiten die wir, wie ich vermute, als ganzheitliche Wesen auf diese Weise erfahren, solange wir uns in der physischen Realität fokussieren.

Dies ist die beste anschauliche Beschreibung, die ich Ihnen anbieten kann, um das wiederzugeben, was ich im Rahmen meiner Unfähigkeit, in den Momenten nach der Explosion irgendeine Aktion zu beobachten, als Realität erfahren habe. Als ich später mit den anderen Teilnehmern an diesem tragischen Geschehen sprach und wir unsere Beobachtungen verglichen, stellten wir fest, dass unsere Erinnerung in Bezug auf zeitliche Abläufe oder Details des Geschehens stark voneinander abwichen. So ist zum Beispiel Ben davon überzeugt, dass das Fenster neben ihm komplett aus dem Rahmen gesprengt war, während ich mich lebhaft daran erinnere, wie der irakische Polizist durch die Schießscharte zu uns hereinsah, die als Teil der Seitenscheibe auf Bens Seite noch an ihrem Platz war. Vielleicht haben wir beide Recht.

Nach meinem Verständnis ist das Erleben wahrscheinlicher Wirklichkeiten eine Aktivität, die ständig bei allen von uns vor sich geht. Optionale Realitäten und Erfahrungswege werden ständig geschaffen, ausgebildet und dann als ein Pfad, auf den wir uns weiter fokussieren, entweder ausgewählt oder verworfen. Und doch haben wir uns selbst beigebracht, diese komplexen Vorgänge zu sublimieren. Wir blenden den kreativen Hintergrund fluider, möglicher Realitäten einfach aus. Wir bringen unseren Kindern bei, wie man Wahrnehmungen auf eine gewisse Art und Weise ordnet, so wie man es uns auch schon beigebracht hat. Wir schaffen und halten eine ganz bestimmte Version unserer funktionierenden Welt aufrecht, indem wir uns auf einige Dinge konzentrieren und andere in das Reich der *Imagination* verbannen aus Gründen, die wir längst vergessen haben - die aber früher einmal wahrscheinlich unserem *Selbst in seiner Ganzheit* zu einem kreativen Zweck gedient haben - und dies noch stets tun. Der enge Fokus, dem wir uns entschlossen haben, den Aufmerksamkeitsvorzug zu geben, negiert nicht die Tatsache, dass diese kreative Exploration ständig weitergeht - er macht uns lediglich blind für diesen Prozess.

In diesem Kontext ist zu verstehen, dass ich in der Szene der Explosion und danach keine Individuen wahrgenommen habe, die sich dort umherbewegten, solange sie nicht direkt mit mir interagierten, weil ich mich nämlich nur mit einem einzigen Strang der Wirklichkeit beschäftigte und nur gelegentlich mit anderen Menschen in einen Austausch trat. Ein Gedanke war mir dazu gekommen, als ich dort auf dem Boden lag und den blauen Himmel bewunderte: dass es sich nämlich in diesem Moment der Stille so anfühlte, als ob ich *zwischen* allem war, das sich um mich herum abspielen musste. Und vielleicht war ich das ja auch.

Wie Sie sich vorstellen können, hat mir dieser Aspekt der Erfahrung Stunden der imaginativen Unterhaltung beschert. Meine Vorstellungen von Zeit, Raum und Realität werden durch dieses Konzept immer weiter transformiert, je länger ich dieses mit mir herumtrage. Um ehrlich zu sein - es verursacht mir einiges Kopfzerbrechen. Wenn mein Verständnis für diesen Teil meiner Erfahrung korrekt ist, dann wird meine persönliche Geschichte zu einem viel komplexeren Bild. Wenn ich zum Beispiel etwas aus meiner Kindheit erinnere, was niemand aus der sonstigen Familie erinnert, dann kann dieses Phänomen vielleicht eine Erklärung dafür liefern: Vielleicht teilten wir uns in unterschiedliche, mögliche Realitäten auf und verbanden uns wieder, nachdem wir unterschiedliche Dinge erlebt haben. Wenn wir diese Vorstellung einen Schritt weiter verfolgen und wahrscheinliche Realitäten mit simultanen Zeit und Raum Wirklichkeiten kombinieren, dann legt dies nahe, dass die Vergangenheit (genauso wie die Zukunft) tatsächlich vorsätzlich geändert werden kann, durch reine Gedankenkraft und an jedem Punkt, an dem wir uns die Zeit nehmen, uns die jeweilige Szene nochmals vorzustellen.

Ich frage mich manchmal, was andere Menschen (psychisch begabte, Mystiker, Quantenphysiker und solche, die wir geistig krank nennen), die diesen Raum/Zeit Konzepten und den Vorstellungen von möglichen, alternativen und wahrscheinlichen Wirklichkeiten begegnen, auf der Heimfahrt von der Arbeit, wenn sie mit jemandem herumzanken oder beim Zusehen der Abendnachrichten wohl darüber denken. Ich frage mich auch, wie andere mit dem umgehen, was wir als ganz gewöhnliche Interaktionen bezeichnen und was- und wie sie über alltägliche Entscheidungen und Wahlmöglichkeiten denken.

Da geht es um so einfache Beispiele wie die Frage nach der Reaktion auf platte Sprüche wie „Man lebt nur einmal!". Lachen sie dann einfach und sagen: „In Wirklichkeit ist es so, dass wir unendlich viele Leben in einem einzigen Moment durchleben können – oder außerhalb der Zeit, wie wir sie kennen, wenn du das lieber so ausdrücken willst. Und mit unendlich meine ich genau das: *Unendlichkeit!* Jede Wahlmöglichkeit, jede Entscheidung, an die du jemals – und wenn auch nur für einen Moment – gedacht hast, wurde damit erschaffen und folgt danach ihrem eigenen Weg und kann dann deinen tatsächlichen Weg plötzlich kreuzen, oder sich mit deinem Weg vereinen. Oder auch nicht!"

Natürlich sagen weder ich noch andere Menschen so etwas – aber es geht mir durch den Kopf. Manchmal mache ich mir einen Knoten ins Hirn wenn ich herauszufinden versuche, was wohl eine kulturell akzeptable Antwort auf eine beiläufige Bemerkung eines Begleiters sein könnte - speziell, wenn ich eigentlich meinen eigenen Gedanken nachhing und dabei auf der Ebene des erweiterten Bewusstseins eine zufällige Situation zu ergründen versuchte, die mir gerade begegnet war: die Wäsche, der Krieg in Afghanistan, ein Moskitostich, die politische Situation in Südafrika, Geschwister, Tsunamis oder ein Vulkanausbruch. Etwas so Alltägliches wie die Frage eines Fremden nach meiner Herkunft kann mich in einen Strudel der Verwirrung stürzen. Die kollektive Realität erscheint mir manchmal so völlig fremd und bizarr wie den meisten anderen Menschen etwas Paranormales, so wie die Quantenphysik.

Diese Welt, so, wie wir sie auf allen verschiedenen Kanälen durch unser Alltagsleben kennen gelernt haben, wie zum Beispiel durch die Medien, durch gemeinsame Erfahrungen, kulturelle Regeln und Umgangsformen, religiöse Dogmen, politische Macht, durch all unsere kleinen und großen Glaubensüberzeugungen - all dies ist unsere kollektive und kooperative Wirklichkeit *für diesen Moment*. Um funktionieren und interagieren zu können, ohne Gefahr zu laufen, in der Psychiatrie zu landen, muss ich oft mit mir selbst verhandeln und genau auswählen, wann und wo es angebracht ist, mich auf einen ganz speziellen Punkt des physischen Lebens zu konzentrieren, so, wie es ist - und wann es mir von Nutzen sein kann, meine Wahrnehmung zu expandieren. So interessant und faszinierend es ist, im Rahmen dieses Konzeptes die Wahrnehmungsebenen zu verändern, so wichtig *ist es* mir aber auch, mich im physischen Leben zu verankern, mich mit praktischen Dingen zu beschäftigen in der Version der Realität, die zu diesem Zeitpunkt unsere kollektive Basis bildet. Ich habe mich bewusst dazu entschieden, mein physisches Leben im Fokus dieser Welt und innerhalb dieses Zeitrahmens zu verbringen - und deshalb erscheint es mir nur logisch, daran aktiv teilzunehmen.

Vor kurzem fragte mich ein Freund, was ich denn nun - als Ergebnis dieses Erlebnisses der Explosion und der anschließenden Außerkörperlichkeitserfahrung - als das Nützlichste und praktisch Umsetzbarste erachte. Unter all den möglicherweise alle Vorstellungen-sprengenden (*mind-blowing* - das Wortspiel ist beabsichtigt) und Wahrnehmungs-verändernden Aspekten, die mir dabei begegnet sind, haben diejenigen für mich den höchsten Wert, die ich im Alltagsleben innerhalb des Rahmens und des Schwerpunkts auf die physische Realität auf das anwenden kann, was wir kollektiv vereinbart haben, unsere gemeinsame Welt zu nennen.

Der im weitesten Sinne am meisten praktische und nützlichste Aspekt in Bezug darauf, wie mein erweitertes Bewusstsein meine Lebenserfahrungen beeinflusst, hat mit Emotionen zu tun. Obwohl sich diese stille Katastrophe und das damit verbundene Chaos, das ich in meiner Version des Vorfalls und der Dinge danach beschrieben habe, vielleicht wie eine traumatisierende Erfahrung anhört, habe ich mich nie wirklich als traumatisiert erlebt – auch nicht durch die Vielzahl an chirurgischen Eingriffen und Nähten, Medikamenten, Spritzen, Röntgenuntersuchungen, Therapien oder gar durch die Art und Weise, wie ich in den nachfolgenden Monaten von der Bürokratie behandelt wurde (wenn man schon in einem Militärhospital behandelt werden muss, dann zahlt es sich wirklich aus, Soldat zu sein und nicht Zivilangestellte). Ich erinnere mich an Momente der Enttäuschung, die ich erzeugt und in Bezug auf meine Sehfähigkeit zugelassen habe, die durch einen seltsamen und unbequemen Effekt beeinträchtigt ist und an einige Stunden der Besorgnis und des Energieaufwands, um nicht in einem Strudel negativer Gedankengänge eines Negativszenarios zu versinken als noch nicht klar war, ob sich die Augenverletzung heilen ließe – und dann auch wieder, als das Ergebnis offenbar wurde und sich als sonderbarer herausstellte, als ich es mir gewünscht habe (nämlich als eine Art des Doppelsehens). Ja, es gab Tage (OK, es waren Wochen ... und ja, zugegeben, Monate), in denen ich einen quälenden Schmerz in meinem Arm spürte, den ich mit größtem Vergnügen abgegeben hätte. Und doch – ein Leidensaspekt fehlte in meiner Erfahrung völlig und ist auch jetzt nicht vorhanden.

Aus der Perspektive der physischen Welt ist eine „freudige Erregung" aufgrund der Möglichkeit, dass man auf einem Auge blind bleiben könne, sicherlich eine Novität und wahrscheinlich ein geistesgestörter Denkansatz bei der Betrachtung eines doch sehr unglücklichen Verlustes. Doch als ich dort in dem angesengten Fahrzeug saß, habe ich, ganz ehrlich, genau das gespürt: eine freudige Erregung angesichts dieser Perspektive - in einem Moment purer Freude, völlig angstfrei und unbehelligt von Gedanken darüber, wie ich mich jetzt eigentlich fühlen *sollte*. Vor dem Explosionserlebnis wäre dies wahrhaftig nicht meine normale Denkweise gewesen. Obwohl ich schon immer auf Notsituationen mit ungewöhnlicher Ruhe reagieren konnte, war eine Perspektive wie die eines „halb leeren Glases" nicht die meine. Dies war also ein Moment in der physischen Welt, der ganz klar durch ein plötzliches Aufscheinen eines Strahls des erweiterten Bewusstseins und dessen ehrgeizige Neugier auf die Möglichkeiten *jeglicher* Erfahrung gekennzeichnet war.

Auslöser war die Erinnerung an den luziden Traum von meiner Großmutter, eine Erinnerung an die spielerische Schönheit aller neuen Dinge. „Du brauchst keine Augen, um zu sehen!" war also auch eine Erinnerung an das Reale. Beständig und real ist das *Selbst in seiner Ganzheit*, das nicht auf den physischen Körper angewiesen ist, um sehen zu können – oder um zu hören, zu tasten, zu schmecken oder zu riechen.[7] Auch ist es nicht abhängig von der Fähigkeit, logisch denken, komplette Sätze schreiben oder gut rechnen zu können, von der Anpassung an eine kulturelle Norm oder irgendeiner anderen Notwendigkeit unterworfen zu sein. Mit oder ohne irgendeines unserer so hochgeschätzten Sinne oder Fähigkeiten sind wir doch immer noch vollständige, „ganze" Persönlichkeiten, die ein volles und wichtiges Leben in einem physischen Fokus führen.

Als ich jedoch im Krankenhaus lag, wo man gerade meine Retina wieder angetackert hatte und man mir die Implikationen dieses chirurgischen Eingriffs schonend beibrachte, da konnte ich allerdings vor der Perspektive eines einäugigen Lebens diese „freudige Erregung" nicht mehr spüren. Und doch war ich von einem Gefühl einer amüsierten Indifferenz erfüllt. Ich dachte damals: *„Auch wenn ich nur noch ein Auge habe, dann ist das nicht so schlimm, denn es ist ja nicht für lange!"*

Nicht für lange? Das könnten noch fünfzig Jahre sein!

Dieser Gedanke schien wenigstens so deplaziert zu sein wie mein Gefühl der freudigen Erregung, das ich wahrgenommen hatte, als mir die Perspektive klar wurde, ein Auge zu verlieren. Der Gedanke hat mich wirklich im selben Moment überrascht, als ich mir seiner bewusst wurde. Ich beschäftige mich mit visueller Kunst und bin eine vornehmlich auf das Sehen ausgerichte-

---

[7] Siehe dazu das Buch von Kenneth Ring und Sharon Cooper: Wenn Blinde sehen-*Mindsight*. Santiago Verlag, ISBN 978-3-937212-47-0

te Frau – ich hätte erwartet, dass mich die Perspektive, auf einem Auge die Sehfähigkeit zu verlieren, halbwegs panisch hätte werden lassen, wütend und deprimiert. Tatsächlich war es auch so, dass ich zu einem späteren Zeitpunkt für kurze Momente außerstande war, die Verbindung zu meinem erweiterten Bewusstsein zu finden. Das war der Moment, in dem ich im Gespräch mit dem Augenchirurgen in Tränen ausbrach angesichts der Möglichkeit, auf dem rechten Auge nichts mehr sehen zu können. „Ich bin doch eine Künstlerin – ich will beide Augen!"

Wie soll ich bloß dieses seltsame Bewusst-Sein auf zwei Ebenen beschreiben, dass sich in mir auftat, als ich in Tränen ausbrach? Ich war so völlig gefangen in diesem Gefühl des frustriert-seins und der Angst – und gleichzeitig *beobachtete* ein anderer Teil von mir meine Partizipation an den Dingen auf der physischen Ebene und war amüsiert darüber, dass ich mich entschlossen hatte, an diese eine bestimmte Perspektive zu glauben.

Die Erinnerungen an diese Momente sind mir stets gegenwärtig und erfüllen den Zweck, dass ich damit ein gelegentliches Hineinfallen in Gefühle von Frust und Angst sofort stoppen kann. „Es ist nicht für lange! Es ist einfach nur – anders – und es kann doch auch ganz spannend sein!" Vier Monate, vier Jahre, vierzig oder fünfzig Jahre … alles nur ein Augen-Blick.

Ich bin vorher noch nie in die Luft gesprengt worden – und ich finde tatsächlich eine schon fast obszön lange Reihe von Dingen dabei zum Lachen. Jetzt – in der Zeit danach, mit einer Art Doppelseheffekt im rechten Auge und einem sehr berührungsempfindlichen rechten Handgelenk finde ich, dass sich für mich all das völlig neu anfühlt, was ich früher völlig gedankenlos für selbstverständlich hielt, was ich als normal empfand und einfach machte – und ich habe mich jetzt dazu entschieden, das alles bemerkenswert interessant zu finden. Ein Sich-Wundern und Neugier in Bezug auf die Natur meiner Erfahrungen im Kontext der physischen Realität – so, wie ICH sie schaffe und aufrecht erhalte – ist für mich ein solides Fundament geworden, auf dem ich auch noch in den aberwitzigsten und tristesten Momenten sicher stehen kann. Und – ein Sinn für Humor ist für alle Situationen angebracht!

Die Buddhisten sagen: „Schmerzen sind unvermeidlich – Leid jedoch ist eine Wahrnehmungsoption!" Verstehend, dass ich meine Erfahrung von Anfang bis Ende selbst entworfen habe und nachdrücklich durch meine Ausserkörperlichkeitserfahrung darin bestätigt, dass mein Leben – *so, wie es ist* – einen Sinn und einen Wert hat, ist leiden unmöglich. Immer wurde ich an die stets unterschwellig vorhandene Daseinsfreude erinnert, die ich so lebhaft in meiner OBE erlebt habe, selbst als ich nach der Explosion in einem blutbespritzten, verkokelten Fahrzeug wieder zu Bewusstsein kam. Oder als ich wegen der quälenden Schmerzen in einer fötalen Haltung verkrümmt in einem Krankenhausbett lag oder als ich mir wegen der Anästhesiefolgen (das Schlimmste überhaupt) die Eingeweide aus dem Leib kotzte oder als ich mir vorstellte, die nächsten fünfzig Jahre mit einer Doppelsichtigkeit zu verbringen. Dies ist kein Glücksgefühl, das mir mehr eine Reaktion auf Umfeldfaktoren und äußere Umstände zu sein scheint als ein konstanter, innerer Zustand. Ich kann doch zum Beispiel deprimiert, ängstlich, besorgt, verärgert und wütend sein – in anderen Worten, unglücklich über die Umstände oder mein Umfeld - und *gleichzeitig* interessiert, neugierig und sogar freudig erregt oder angeregt sein von- und über die Umstände und das Umfeld, die ich doch selbst geschaffen habe - einschließlich meiner eigenen Handlungen und Emotionen, die damit in Verbindung stehen. Nicht immer genieße ich die Tatsache, dass ich *in dieser Welt* lebe, oder dass ich in *dieser* ganz speziellen Situation stecke, doch immer spüre ich diese fundamentale Freude, eine bewusste, kreative und expansive Persönlichkeit zu sein, die die jeweilige Erfahrung erforscht – und ich genieße den Humor, der darin steckt.

Eine physische Existenz ist auch deshalb so einzigartig, weil sie so wunderbare Angebote an sensorischen und emotionalen Erfahrungen für uns bereithält, die noch viel, viel intensiver sind, wenn wir unseren Bewusstseinsmittelpunkt ganz klar in unserem physischen Körper ansiedeln. Und doch beeinträchtigen wir die Passion, die Leidenschaft und das erwartungsvolle Vibrieren, das für diese Erfahrung typisch ist, schränken sie auf vielerlei Art und Weise ein und konditionieren uns selbst, dass der Glaube daran, dass unsere Leben Sinn und Wert haben, nicht richtig sei. Man hat uns ja auch schon früh beigebracht zu unterscheiden, dass nur *ganz gewisse* Emotionen in Ordnung und gesund seien – und jene anderen Anzeichen für Fehleinstellungen und Fehlverhalten sind. Nur *diese* Menschen sind gesund und funktional, während jene anderen einer Neuorientierung bedürfen. Nur *diese* Dinge haben einen Wert (Geld, Objekte, Taten), während die anderen nur für die weniger wertvollen Lebewesen taugen. Nur *diese* Dinge (Menschen, Objekte, Taten) sind sinnvoll, während das Leben als Ganzes sehr dem Zufall unterworfen und sinnlos ist. Die Religion besteht darauf, dass wir mit Erbsünde und schon mit Mängeln behaftet geboren werden und immer auf der Hut sein müssen, um uns selbst retten zu können. Die Wissenschaft scheint uns nahelegen und implizieren zu wollen, dass unsere Existenz als Lebewesen nur auf Zufall beruht und keinen wirklichen Wert hat über das hinaus, was uns dieser indifferenten Welt im Laufe unserer kurzen und dumpfen Lebensspanne abzuringen gelingt. Die Natur ist etwas, das es zu bekämpfen und zu kontrollieren gilt – sie wird uns erbarmungslos zerstören, wenn wir nicht ganz genau aufpassen. Meine Erfahrungen jedoch sind ganz anders: sie insistieren, dass all diese Annahmen nicht korrekt sind.

Indem wir versuchen, das ganze, weite Spektrum an Kreativität, das uns zur Verfügung steht, einzuschränken, zu kontrollieren und zu umgehen, bestehlen wir uns selbst. Indem wir alle Menschen verpflichten, sich einer gewissen Vorstellung von Perfektion zu unterwerfen und diese zu erfüllen (persönlich, politisch, religiös oder sozial) legen wir doch damit nur die Angst vor uns selbst offen – ein Misstrauen, das gar nicht berechtigt und angebracht ist. Wir sind im Grunde unseres Herzens nämlich nicht schlecht und unvollkommen. Wenn wir doch nur Neugier, Wissbegier und Bewunderung für die andersartigen, kreativen Lebensweisen der anderen Menschen zeigen würden, anstatt den Versuch zu machen, diese Anderen „in Ordnung zu bringen" oder sie zu retten – dann könnten wir uns auf einmal in einer faszinierenden Welt wiederfinden. Wenn wir doch nur verstehen würden, dass wir vorsätzliche Mit-Schöpfer dieser Welt und aller damit verbundenen Erfahrungen sind, Verwandte von und Mit-Schöpfer von Felsen und Gräsern, Bäumen und Tigern, Wind, Stürmen und Tsunamis – dann wäre die Welt ein anderer Ort. Wenn wir nur verstehen würden, dass wir alle an der Erschaffung der sogenannten Desaster und Kriege beteiligt sind und dazu beitragen, dann könnten wir damit aufhören, den „Krieg gegen..." oder den „Krieg für ..." auszurufen und damit überhaupt erst zu erschaffen. Wenn wir uns im Gegenzug eine kooperative Welt vorstellen würden, dann wäre dies der erste Schritt in die Richtung, genau diese zu erschaffen. Jede(r) von uns könnte dann vielleicht einen tiefen Sinn in dem finden, was uns jetzt noch wie ein kleines und unbedeutendes Leben vorkommt, denn dabei würden wir unseren Wunsch und unser Verlangen aufgeben, anderen Menschen unsere Meinung aufzubürden. Ja, vielleicht würden wir ja auch das Bedürfnis aufgeben, unserem Leben durch die Verirrungen in Form von Wettbewerb, Konkurrenzdenken und Gewalt Sinn und Wert geben zu wollen – und statt dessen Sinn und Wert finden durch die Verwirklichung von Harmonie.

Wir sind alle bewusst abwägende, vernunftbegabte Wesen mit detaillierten, kooperativen Lebensplänen. Alle freien Emotionen, die im Rahmen eines bewussten Selbst in seiner Ganzheit entstehen, sind gesund und in Ordnung, und alle Persönlichkeiten sind perfekt in Bezug auf ihre einzigartige Ausdrucksfähigkeit. Wenn wir nichts anderes machen, als einen Tag von Herzen zu genießen, ganz gleich, wie unbedeutend oder klein uns dies scheinen mag, dann haben wir jedoch etwas Wertvolles getan. Alles was wir tun, alles, was wir uns vorstellen, hat Wert und Zweck. Jede Existenz hat Sinn und Bedeutung.

Der Besuch eines Raumes, der von einer erweiterten Form des Seins geprägt ist, hat weder all meine Probleme gelöst noch mich zu einer Heiligen gemacht. Ich kann mich immer noch irritiert fühlen, wütend, angewidert und empört, launenhaft, melancholisch, tief betrübt und ängstlich. Manchmal bin ich faul, zerstreut, vorlaut und ungeduldig. Aber als ein Teil des Ganzen, innerhalb oder unterhalb der Art und Weise, wie ich fühle oder wie ich mich verhalte, findet sich eine tiefe Zufriedenheit durch die Wahrnehmung des Grundguten und des Wertes meines stets bleibenden Höheren Selbst. Und jede Erfahrung birgt ein Freudepotential.

Diese Freude ist meiner Meinung nach ein Merkmal des ganzen Universums und ist überall - eine Primzahl in der Gleichung des Lebens. Ich glaube nicht, dass meine Außerkörperlichkeitserfahrung automatisch den Schluss zulässt, dass diese Räume eine Zone darstellen, die auch andere Menschen besuchen werden oder besuchen wollen, wenn sie selbst eine ähnliche AKE machen. Die Möglichkeiten zur Schaffung von Um- und Mitweltvarianten sind buchstäblich unerschöpflich – und jede(r) von uns ist einzigartig. Vielleicht erzeugen wir kollektiv geschaffene und aufrecht erhaltene Welten, oder jede und jeder von uns kreiert, wie in schönen Träumen, Übergangswelten, die sehr privat und nur für uns selbst perfekt sind.

Ich vermute, dass die universellen Faktoren in einer AKE die Entdeckung und das Wissen sind, dass das Selbst ein unendliches Sein ist, die Erinnerung an die real existierende, überwältigende, umfassende Realität und Intensität von Freude und Liebe und schließlich auch die innige Verbindung zwischen einem individuellen Bewusstsein und allen anderen, mit der gesamten Schöpfung, - mit „Allem-was-ist".

LIEBE UND FREUDE: Diese Worte sind nach meiner Erfahrung wirklich völlig unzureichend, um genau zu beschreiben, was damit eigentlich gemeint ist. Sie müssen als bodenlos tief und erregend, mitreißend und anstrengungslos, als sowohl schwer wie auch federleicht, als unendlich komplex und erstaunlich simpel verstanden werden. Dazu noch allumfassend, nicht nach einem gut-und-böse Glaubenssystem definiert, nicht als göttlich und böse, freundlich und gemein, höflich und grob. Freude und Liebe aus dem Gesichtspunkt des erweiterten Bewusstseins haben Platz für jedes Lebewesen und jede Erfahrung und bestätigen, dass alles Geschaffene gut und schön ist, weil wir immerdar, mühelos und unendlich *gut* sind.

Ich bin der Überzeugung, dass wir durchaus über die Fähigkeiten verfügen herauszufinden, wie wir als Menschen zusammenleben können, auch wenn wir verschiedener Meinung sind. Dass wir teilen können, auch wenn die Rohstoffe knapper werden. Und dass wir mit unseren Ängsten umgehen können, ohne den Stress aneinander auszulassen. Wenn wir wirklich aus diesem tiefen Verstehen heraus, wer wir in Wirklichkeit sind, handeln würden – wie würde die Welt dann aussehen?

Ich habe immer gedacht, dass die Anstrengungen eines Menschen allein einfach zu wenig und unbedeutend wären, um bei richtig großen Themen und Problemen wie Krieg, Rassismus oder Armut irgendeine Veränderung zu bewirken.

Doch weiß ich jetzt, dass auch ein einzelner Mensch die ganze Welt verändert, wenn- und indem er sich eine harmonischere auch nur *vorstellt*!

Lasst es uns versuchen!

www.ingramcontent.com/pod-product-compliance
Lightning Source LLC
LaVergne TN
LVHW051122080426
835510LV00018B/2178